U0864644

自律

定力的修炼

终生受益版

建忠／著

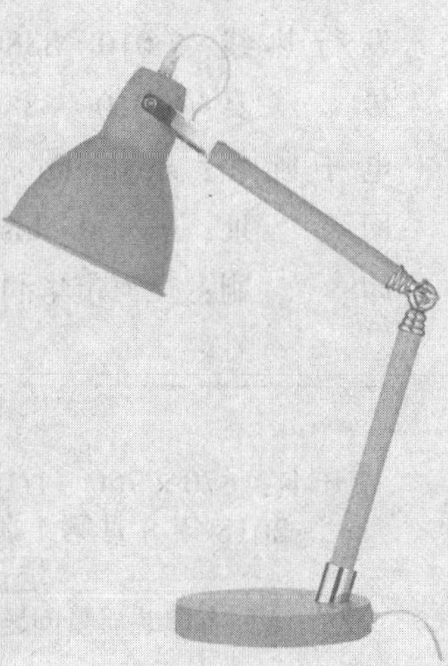

时事出版社
· 北京 ·

图书在版编目（CIP）数据

自律：定力的修炼 / 建忠著 .—北京：时事出版社，2018.8
（2024.4 重印）

ISBN 978-7-5195-0241-6

Ⅰ . ①自… Ⅱ . ①建… Ⅲ . ①自我管理 - 通俗读物
Ⅳ . ① C912-49

中国版本图书馆 CIP 数据核字（2018）第 125446 号

出 版 发 行：时事出版社
地　　　址：北京市海淀区彰化路 138 号西荣阁 B 座 G2 层
邮　　　编：100097
发 行 热 线：（010）88869831　88869832
传　　　真：（010）88869875
电 子 邮 箱：shishichubanshe@sina.com
网　　　址：www.shishishe.com
印　　　刷：三河市华润印刷有限公司

开本：670×960　1/16　印张：18　字数：240 千字
2018 年 8 月第 1 版　2024 年 4 月第 6 次印刷
定价：38.00 元
（如有印装质量问题，请与本社发行部联系调换）

前言

因为懒散状态而焦虑，却只是焦虑，从未想过要去改变；

不甘于现有的职位和生活，立志改变，却总是半途而废；

明知道是好的习惯，却只能维持三分钟热度，没有持久的恒心和意志；

总是处在建立目标——目标无疾而终——再次建立目标的无限循环中；

……

当不自律成为生活的常态，人生鲜少会变得不糟糕。

哲学家康德说：所谓自由，不是随心所欲，而是自我主宰。但现在很多人缺乏的，恰恰是自我主宰的能力；并非不知道如何变得更好，只是缺少坚持下去的动力和意志。所有让人变好的事情都很难一蹴而就，它需要时间，需要一个持之以恒的过程。当一个人能够完全依靠自己的力量来掌控自己、掌控人生时，他才能在世界上立足，才能彻底改变碌碌无为的状态。

很多看似不起眼的小事，只要坚持下来，就会有大的改变。每天进步一点点，那些看似遥不可及的目标，就能一步步实现。自我约束是一个并不舒适的过程，但它给人们带来的满足感和成就感往往会让这份不舒适变得不值得一提。自律，让我们可以积蓄更多的能力和资本，如此才有遇事的自信与淡定从容；也因为自律，我们才能自觉地遵守生活中各种有形或无形的规则，避免为自己和他人带来困扰和伤害。

本书从“积极的转变力”“理性的自控力”“高效的管理力”3个方面分享如何提升自律意识，告诉读者如何整理干扰自控力的种种情境，如何从目标、时间、情绪、习惯等方面有效地管理自己，建立有序的生活和工作状态。让自律成为生活的常态，你会更加优秀！

目录

contents

第一篇
积极的转变力：从他律到自律

第一章　优秀的人将自律作为一种信仰

01 … 自律是一种不可或缺的人格力量　/　003
02 … 管好自己才能领导他人　/　006
03 … 要律己，先慎独，拥有内在的道德力量　/　010
04 … 越是自律的人，越能享受到自由　/　014
05 … 任何毫无节制的活动，都将一败涂地　/　017
06 … 约束自己，脚踏实地　/　020

第二章　善于反省自己，才能做出改变

01 … 认识你自己　/　024
02 … 自省，照亮内在的自我　/　028
03 … 人是需要被不断克服的　/　031

04 … 用旁观者的眼光审视，做自己的批评者 / 034
05 … 对自己的过失敢于负责 / 037
06 … 从他人处反观自身不足 / 040

第三章　你的自制力，决定了你的竞争力

01 … 只有“物超所值”，才是真正地有竞争力 / 043
02 … 完成了自己的责任，才有资格谈成功 / 046
03 … 逼着自己比别人快一点儿 / 050
04 … 以高度的自律维持自己的进取心 / 052
05 … 别沉溺于过去的成就，不断更新变革 / 056

第四章　爱自己是一切自律行为的源头

01 … 每一个自己都值得被珍重善待 / 059
02 … 自爱，就要对诱惑说“不” / 063
03 … 年轻时的随心所欲，会慢慢拖垮你 / 067
04 … 别把信用当做一件小事儿 / 070

第五章　高度自律，必有强大的内心力量

01 … 对自己的投资，就是最好的投资 / 074
02 … 别让自我设限阻碍了成长 / 078

03 … 通过自律唤醒无限能量 / 082
04 … 征服世界，从征服自己开始 / 086
05 … 没有任何东西可以替代坚韧的意志 / 088
06 … 专注而不放弃，是任何成功的前提 / 090

第二篇
理性的自控力：从浮躁到从容

第一章 简化生活，拥有刚刚好的欲望

01 … 拒绝与目标无关的诱惑 / 097
02 … 过于执着的追求会让心灵蒙尘 / 099
03 … 放下那些得不到的欲望 / 102
04 … 极简生活，刚刚好才是最好的状态 / 104

第二章 不在能吃苦的时候选择安逸

01 … 很多小事并不是浪费时间 / 107
02 … 伴随汗水的人生，才是充实的人生 / 110
03 … 目标的难易，取决于你看待它的态度 / 113

04 … 恒久的坚持是成功的要诀 / 116
05 … 能一往无前，也能果断转身 / 119

第三章 人生总有苦痛，走出就能成长

01 … 每一道伤痛都能变为成功的勋章 / 123
02 … 挥别过去，为生活带来新的改变 / 126
03 … 平心静气，才能发现解决问题的能力 / 128
04 … 最大的遗憾是把遗憾一直挂在嘴边 / 130

第四章 恰当的表达需要克制

01 … 时间是解决误会最好的办法 / 134
02 … 抱怨对解决问题于事无补 / 137
03 … 能够辩解的事情往往不用辩解 / 139

第五章 世事纷扰繁杂，逃离不如直面

01 … 简单人生，不因计较而生气 / 143
02 … 看淡胜负之争，战胜自己胜过一切 / 146
03 … 如何向上，唯有放下 / 149
04 … 那些失去的，就让它留在回忆里 / 151

第三篇

高效的管理力：从杂乱到有序

第一章　目标管理：明确一个方向

01 … 成功的路上需要明确的目标　/　157

02 … 对目标择一而专　/　161

03 … 目标多杈树分解法：将宽泛目标具体化　/　164

04 … 有效计划：高效率达成目标的前提　/　168

第二章　言行管理：越是感觉良好，越要谨言慎行

01 … 谨言慎行不等于畏首畏尾　/　172

02 … 虚怀若谷才能容纳真正的学问　/　174

03 … 得意之时，绝不可放任而狂妄　/　177

04 … 与其夸夸其谈，不如侧耳倾听　/　180

05 … 学会理性忍让，误解就能变成谅解　/　182

06 … 拒绝滔滔不绝，言语表达多不如精　/　185

第三章　时间管理：在有限的时间内做更多的事

01 … 自律的人，首先是一个管理时间的高手　/　189
02 … 优化你的时间分配和使用方式　/　193
03 … 将每一秒用到极致　/　197
04 … 四象限原理：分清事务的轻重缓急　/　200
05 … 二八法则：决定关键效益的 20% 的工作为先　/　205
06 … 找准工作时机，才能事半功倍　/　208

第四章　习惯管理：用小行为影响大人生

01 … 习惯是自控力的最大体现　/　212
02 … 从节俭开始，学会控制欲望　/　215
03 … 注重理财，人格独立才能经济独立　/　219
04 … 做好细节，职场细节是决定差距的关键　/　222
05 … 每天多做一点儿，就离成功更近一点儿　/　226
06 … 职场中，公私不分明是大忌　/　229
07 … 让敬业精神成为一种习惯　/　232

第五章　情绪管理：拒绝情绪化的自己

01 … 能掌控好情绪的人，才能掌控人生　/　235
02 … 凭一时的好恶行事，只会一直犯错　/　237

03 … 要争气，不要生气 / 240
04 … 在人生的种种境遇前保持冷静 / 242
05 … 忍耐也是一种好的品德 / 247
06 … 对自己和成功都多一分耐心 / 251

第六章　心态管理：以积极心态开拓生命宽度

01 … 有什么样的心态，就有什么样的人生状态 / 254
02 … 改变对世界的观感，与生活和解 / 257
03 … 职场中，态度决定了你的高度 / 260
04 … 心存感恩，一切都将变得美好 / 263
05 … 过于保守正在限制你的发展 / 266
06 … 路途遥远，更要一步一步脚踏实地 / 268
07 … 学会释放心灵，与压力共存 / 272

第一篇——

积极的转变力：从他律到自律

自律是一种不可或缺的人格力量，没有它，一切纪律都形同虚设。真正的自律是一种信仰、一种自省、一种自警、一种素质、一种自爱、一种觉悟，它会让你发觉健康之美，从而幸福快乐、淡定从容、内心强大，永远充满积极向上的力量。

第一章

优秀的人将自律作为一种信仰

人只有找到信仰，才可以坚定信念，朝着一个方向执着前进。
自律是一种信仰，自律的心态督促人将一生的精力投入到无尽的奋斗中，
从而创造出属于自己的辉煌。

01　自律是一种不可或缺的人格力量

好习惯是靠自律养成的，它是一种不可或缺的人格力量。

在听到“自律”这个词的时候，你想到的是否是国家领导人或武装士兵？你是否觉得自律只适用于少数性格坚不可摧的人？事实并非如此，自律其实是我们任何人都不可或缺的人格力量。大量的历史事实表明，自律的精神在人们追求卓越的过程中扮演着重要的角色，造就了一个个光辉的形象。唯有自律，才能把自己引向光明之地。

那么，什么是自律呢？所谓自律就是能够约束自己、管理自己，自觉地“遵循法度，自我约束”，按照自己的既定计划去实现目标的一种能力。它是一种不可或缺的人格力量，自律程度的高低往往体现出个人素质的高低，同时也影响着个人取得成就的大小。

美国有关组织曾做过这样一个调查：在一所幼儿园中，给每个孩子发了一些糖果，并告诉他们，这些糖是发给他们吃的，但是最好今天不要吃，如果能等到明天再吃就可奖励 2 颗糖，如果能等到后天再吃，就可奖励 3 颗糖。结果，有的孩子等不及当天就吃了，有的孩子等到了第二天，只有极少数孩子到了第三天才吃。这些孩子成长到中年后，再一次的调查结果显示，自律程度越高的孩子，事业的成功率也越高。

而在日常生活和工作中，自律能够给我们带来快乐和健康。在家庭里要负起家庭的责任，不负责的人，其家庭一定不会和谐，心情一定不会舒畅；在公司不自律的人，领导厌烦他们，同事鄙视他们，他们本人也会极度忧郁，不快乐的人、不舒畅的人、忧郁的人是不会健康的。

诚然，自律能给我们带来诸多好处，但要切实做到自律却绝非易事，绝大部分人主要依靠的还是他律，常常需要他人的监督与提醒。其实这些都是外在因素，是外力在管束他们、约束他们，让自己变得强大的关键还是个人本身是否拥有坚定的信念，是否给自己规定了标准和纪律并严格执行。

如果你想让自律成为自己的资产，让自己变得越来越强大，不妨借鉴以下的建议：

首先，树立正确的人生观。正确的人生观是实现自律最基本的前提条件，人生观是人们对人生目标和人生意义的根本看法和态度，它决定了一个人做人的标准，是把握人生方向、抉择人生道路的指南。

其次，制定做事的优先顺序并有效执行。如果一个人只依照自己的心情和一时的方便而行事，那么肯定是不会成功的，更不要说让别人尊重并跟随你了，这就是自律的基本精神之所在。

实现自律还要求我们能够做到自我控制，有才而不乱用，有智而不尽显。一个缺乏自律的人总是口无遮拦、行无规矩、随心所欲，最终只能自己吃亏。要把自律的生活方式当成目标，向具有高度自律的成功人士学习，你会发现自律不是他们偶尔为之的行为，而是他们的生活方式。培养自律最佳的方式是为自己制定目标及规划，特别是在你视为重要的、需要长期坚持及追求成功的指标项目上。

其实很多时候，我们的言行并不为人所知，但你是否仍能管理自己、规范自己的言行、处处严格要求自己呢？这就体现了你的自律。

如果你不能自律，总是习惯让情绪操纵着一切，没有规划，没有目标，那么所有的努力就如同脱缰的野马，根本不受控制，你最终也达不到成功的彼岸。在古今中外历史上，有才智但缺乏自律最终自取灭亡的例子不胜枚举，罗纳德三世就是其中之一。

14世纪的比利时，有一位名叫罗纳德三世的贵族，他才智过人，是祖传封地的正统公爵，但后来被弟弟推翻并关押在牢房里。他的弟弟认为留他活口对自己而言无疑是徒增麻烦，但又不想亲手杀死哥哥，于是便想出了一个绝妙的办法。

弟弟将罗纳德三世关进牢房，并下令将原来的牢门改装得比以前窄一些，还下令守门人把锁撤掉。为什么要这么做呢？门没上锁，难道他不怕哥哥逃走吗？原来，罗纳德三世身高体胖，当牢门变窄了之后，就算不上锁，他也出不了牢门，无法脱逃。

除此之外，弟弟还向哥哥承诺，只要他能够走出牢房，那么不但能够重获自由，还可以无条件地恢复原来的爵位。

这听起来很冒险，但是弟弟对于这个绝妙好计却相当有把握。

在改了牢门、拆了门锁之后，弟弟每天都会派人送上丰盛的美味佳肴给哥哥享用。罗纳德三世虽然明知只要自己能瘦下来，自由就在不远处，但知道是一回事，执行又是另一回事，他根本经不住美味的诱惑，每天仍旧大吃大喝，结果非但没有瘦下来，体重反而变本加厉地直线上升。最后，他被困死在牢门没有锁的牢房里。

缺乏自律能力，任由坏习惯操控自己，就会将自己变成牢房中的囚徒。

最后，向借口挑战。如果想培养自律的生活方式，首要的功课之一就是破除找借口的倾向。正如法国古典文学作家佛朗哥所说："我们所犯的过错几乎都比用来掩饰的方法更值得原谅。"如果你有几个令你无法自律的理由，那么你要认清它们只不过是一堆借口罢了。

02　管好自己才能领导他人

即使你是一个领导者，也要以身作则。

北宋诗人林逋在《省心录》中说："律己足以服人，量宽足以得人，身先足以率人。"他说的这几点都属于"表率"作用，从这些作用中可以反映出一个人的素质及德性。正所谓"善禁者，先禁身而后人；不善禁者，先禁人而后身"。一个管不住自己性格和欲望的人，怎么可能领导别人？正所谓："不能胜寸心，安能胜苍穹？"

"以身作则"的重要性，古人无疑早就意识到了，这从历代教育家、领导者都十分重视"修身"就可以看出来。孔子曾说过很多关于自律（以身作则）的话，他说："其身正，不令而行；其身不正，虽令不从。""正人先正己，正己先正身；正身先正心，己正人才服。己不正，焉能正人？"又说"己所不欲，勿施于人"。这些都在告诉人们，管住自己，才有资格和力量说服和驭使别人；相反，一个不能以身作则的人，就无法让人信服，无法获得别人的尊重。

这是因为振臂一呼、应者云集的领导能力绝不是一个职位就能赋予的，而没有追随者的领导者剩下的只是职权威慑的空壳，也就是说，是追随者成就了领导者。一个领导者如果不能以身作则，不去认真履行自己的责任，就无法要求别人做到自律；不自律的人发出的命令，别人也不会真心实意地遵从。一个国家的君主、一个部队的统帅，如果能够做到严于律己，那么他的臣民或者士兵必然会严格要求自己，每个人也会尽到自己的责任和义务。相反如果君王统帅自我要求松懈，那么其手下就会格外放纵。岳飞极为自律，所以他训练出的岳家军纵横沙场、无人能挡；而明世宗崇尚方术不理朝政，最终被奸人迷惑，明朝也逐渐衰败。

因此，领导者必须以身作则，养成良好的工作习惯和道德修养。以身作则是成功领导者优秀品质的表现，任何一个领导者都应树立自己的形象和人格魅力，让人们产生敬畏之心。只有正人之前先正己，才能上行下效，使大家心甘情愿地听从你的指挥；只有以身作则，处处做出表率，才有资格去要求别人，才能成为别人的楷模。想要别人做得好，首先要自己做得好；要求别人做到的，首先自己应做到。

士光敏夫曾任东芝电器的社长，还担任过日本联会的会长，是一位受人尊敬的企业家。

1965年，士光敏夫担任东芝电器社长一职，当时企业内部存在很多问题。如企业过大、层级过多、管理不善，虽然很多员工都是专业人才，但工作却不积极，公司的业绩一直上不去。

为了彻底改变这种状态，士光敏夫提出“一般员工要比以前多用3倍的力，董事则要多用10倍的力，我本人则有过之而无不及”的口号。他坚信一个道理：以身作则最有说服力。

为了激发员工的工作热情，士光敏夫每天上班都早到半个小时，而且在上午7点半到8点半之间会见员工，让员工对公司发展提出意见，这样一来，员工们也不迟到了，并且对工作更加积极了。

由于之前管理不善，很多员工养成了铺张浪费的习惯，公司资金大量流失。为了杜绝此类事情发生，借着一次参观的机会，士光敏夫给东芝的董事们上了一课。

一天，一位董事想参观一艘名叫“出光丸”的巨型油轮，由于士光敏夫已经看过，事先说好由他带路。正好去观光的那一天是星期天，和这位董事约好在“樱木町”的车站门口会合。那天，士光敏夫准时到达约定地点，等了好长时间，那位董事才坐着公司的车缓缓而来。

这个董事到达后，对士光敏夫说：“社长先生，抱歉让您久等了，我们现在就出发吧。”这位董事说着环顾四周，没有看到士光敏夫的车，便问道：“社长先生，我怎么没看到您的座驾？要不您与我坐同一辆车吧。”士光敏夫面无表情地说：“我并没有乘公司的轿车，我是搭电车来的，而且我认为这个速度并不比你的轿车慢。”这位董事当时就愣住了，羞愧得无地自容，而这件事很快在公司传开了，上上下下立刻心生警惕，不敢再随意浪费公司的财产。

由于士光敏夫以身作则，东芝的情况逐渐好转。

要做到以身作则，必须做到以下几个方面：

（1）具有自我管理素质。善于自我管理的领导者能够独立思考、工作，无须严密的监督。

（2）忠于一个目标。大多数人喜欢与将感情和身心都奉献给工作的人共事。除了关心自身，领导者应忠于某样东西，如一个国家一项事业、一个组织、一个工作团队或一个想法。

（3）培养竞争力。竭尽全力，以达到最好的效果。

（4）有魄力、讲诚信、独立自主、有判断力。

另外，平时应该注意自己的行为规范，以下10条可供参考：

（1）身先士卒。领导者要在各个方面树立榜样，从工作到举止，这一点是最基本的，也是最重要的。

（2）尊重所有下属，不论其性别、民族、宗教信仰及个性如何。

（3）尊重下属的隐私。你也许不得不在一位下属不在时翻他的办公桌，找一份你急需的文件，你当然有权这样做，但是这不等于你有权翻阅其私人信件。

（4）经常称赞、表扬下属。受到鼓励时，人们会把工作做得更好、更有效。作为领导者，你的工作就是协调人际关系、鼓励他人、激发人的积极性，以达到管理的预定目标。

（5）注意批评要公正。公正的批评容易让人体面地接受。

（6）尊重他人的自主权。组织一个好的团队，然后放手让他们自己行事。不要把下属当小孩，监视他们的一举一动，那样会造成一种敌对、紧张的工作气氛。

（7）让下属有机会接触你。如果可能，每天将你办公室的大门敞开一会儿，虚心对待各种意见，甚至是批评你的管理方式的意见。

（8）用下属喜欢的方式称呼他们。如果你的下属比你年长，要注意说话语气。即使不比你年长，也要使用合适的称呼。

（9）从小处着眼，礼让他人。管理者是有权者，因此应该在小事上表现出谦让，让下属感到自在些。当一个下属进入你的办公室要和你谈话时，应让他坐下；当下属和你长谈之后要离开你的办公室时，应起身道别；当一位下属度假或外出一段时间返回公司时，应与其握手，亲切地表示欢迎。

（10）不要把下属当做你的仆人。下属是来工作的，不是来唯命是从的，因此你应该自己去拿咖啡、自己结算收入、自己为度假而购物。

03 要律己，先慎独，拥有内在的道德力量

慎独，是一种做人的修养，更是一种人生境界；慎独者，能够身心表里如一。要律己，就要先做到慎独。

在心理学上，有一个词语叫做“慎独”，意思是说：独处的时候，没有他人的干涉和监督，凭着高度自觉，不做任何有违道德信念、做人原则的事。然而靠什么做到“慎独”呢？其实就是自律。

慎独是一种内在的道德力量，是一种高度自觉性，所以几千年来，中国人一直将慎独视为一种高尚美德，将正心修身作为人生第一要义。

慎独作为一种道德修养，最早见于《礼记》，其中说：“莫显乎微，故君子慎其独也。”君子不会在别人看不到的地方放纵自己。做一个坦荡

的君子，不需要别人来约束自己。君子会扪心自问：我像个君子吗？这就是慎独。能否做到“慎独”以及坚持“慎独”所能达到的程度，是衡量人们是否坚持自我修身以及在修身中取得成绩大小的重要标尺。

古人推崇“君子慎独”，就是说即使在独处时也要自律，不要做违背原则的事，因为即便没人知道，也有天知、地知、我知（自己的心知道）。

东汉时期杨震慎独的故事，就是一个严于律己的好例子。

杨震在担任荆州刺史时，发现秀才王密是个人才，便举荐王密为昌邑县令。后来杨震改任东莱太守，路过昌邑时，王密对他照应得无微不至。到了晚上，王密悄悄来到杨震住处，见室内无人，便捧出黄金10斤要送给杨震，杨震连忙摆手拒绝说：“以前因为我了解你，所以举荐你，你这样做就是你太不了解我了！”王密轻声说：“现在是夜里，没人知道。”杨震正色道：“天知、地知、你知、我知，怎么说没人知道！”王密听了，羞愧地退了出来。杨震为官公正廉洁，不接受私礼，其子孙也是蔬食步行、生活朴素。有些老朋友劝他置点产业留给子孙，他说：“使后世成为‘清白吏子孙’，用这样的好名声做产业，不是十分丰厚吗？”

由此可见，一个慎独的人，往往也是一个高尚的人。

不过，人非圣贤，孰能无过，即便是再慎独的人也难免会有犯错的时候，所不同的是，慎独的人在犯了错误之后敢于纠正自己的错误，敢于承担自己的错误所带来的后果，哪怕为此付出沉痛的代价。

有一位名医在当地享有盛誉，有一天，一位青年妇女前来找他看病。

名医检查后发现妇女的子宫里有一个瘤，需要动手术割除。

手术很快就安排好了，手术室里都是最先进的医疗器材，对于这位做过上千次手术的名医来说，这只不过是一个小手术。

他切开病人的腹部，向子宫深处观察，就在他准备下刀时，突然全身一震，他的刀子停在了空中，豆大的汗珠冒上额头，他看到了一件令他难以置信的事：子宫里长的不是肿瘤，是个胎儿！他的手颤抖了，内心陷入矛盾的挣扎中。如果硬把胎儿拿掉，然后告诉病人摘除的是肿瘤，病人一定会感激得恩同再造；相反，如果他承认自己看走眼了，那么他将会名誉扫地。

几秒钟的犹豫后，医生下定了决心，他小心地缝合好刀口，回到办公室静待病人苏醒。之后，他走到病人床前，对病人和其家属说道："对不起，我看错了，你只是怀孕了，没有长瘤。所幸及时发现，孩子安好，你一定能生下一个可爱的小宝宝！"

听完他的话，病人和家属全呆住了。过了几秒钟，病人的丈夫突然冲过去，抓住名医的领子吼道："你这个庸医，我要找你算账！"

最后，孩子虽然安好，而且发育正常，但医生却被告得差点儿破产。

朋友问他，为什么不将错就错？就算你说那是个畸形的死胎，又有谁能知道？

"老天知道。"医生只是淡淡一笑。

慎独的人都有一双无法摆脱的天神之眼，天是心中那片天，心中有原则，做事就不会为得失所迷，心情就不会为得失所累。

然而，在现实社会中，我们更多地见到这样的情形：在众人面前讲究卫生，独自一人时却随地吐痰；有警察时遵守交通规则，一旦路口无人值守就闯红灯；在自己熟悉的团体内谦恭有礼，一旦置身于陌生的环境就不再遵守公德。

很多人都形成了这样的心理：规矩是给别人定的，而我自己可以想办法突破它。实际上，在契约社会中，只有人人都以自觉约束的方式享受自由，才能获得持续的权利。这是现代社会秩序中的重要特点，也是诚信的基础。

随着年龄的增长，我们将会承担越来越多的家庭责任和社会责任，如何才能更好地履行自己的责任？唯有做到慎独。慎独是为人的最高境界，它既体现了人们道德自律的精神，又是提升道德修养的方法。

那么，在生活中，如何才能做到慎独呢？

首先，要对自己严格要求。中国古代思想家王阳明在谈到人们的修养时曾说："克己必须要扫除廓清，一毫不存方是，有一毫在，则众恶相引而来。"意思就是要人们在为人时应注意细节，绝不给自己留一丝一毫的死角，否则，众恶相引而来，后果不堪设想。

其次，要克制私欲和贪念。在众目睽睽之下，一般人还是能够约束自己的；而一旦脱去漂亮的"套子"，一人独处时，便往往肆无忌惮地放纵本性和私欲。比如，在没人知道的情况下拿别人的东西，会给别人造成损害，而一次得逞后有可能使人产生侥幸心理，结果在某一天约束不了自己，以致被绳之以法。也许有人只这样拿过一次，永不再拿，那么说明他还有良知；可是对一个有良知的人而言，他从此有可能永远也逃不开自己良心的责备，终将后悔一生。所以说，慎独其实也是自律的最高境界。

最后，慎是慎独的核心。孔子说："三思而后行。"其实就是在说"慎"，告诫人们说话、办事时一定要思虑周详、小心谨慎，事无巨细都要考虑周到，无论是有人、无人，无论是为公、为私，无论是大、是小，都要谨慎。恭德而慎行，这样就不易失败、不会后悔。

04 越是自律的人，越能享受到自由

当自律成为一种习惯，你就真正做到了收放自如，人生也就达到了一种境界。

如果有人对你说“自律就是自由”，你可能会觉得好笑。确实，对许多人来说，自律意味着被约束、被限制。但其实，任何自由都是以约束为前提的。如同《高效能人士的七个习惯》的作者史蒂芬·柯维博士所写的那样：“不自律的人就是情绪、欲望和感情的奴隶。”从长远来讲，不自律的人是缺乏自由的，或者说他一时享有的自由和快乐是以牺牲更高的自由为代价的，只能说明他还只是一个奴隶，而非自我命运的主宰者。要知道，人必须接受一定的束缚才能获得真正的自由。

当然，世上没有绝对的自由，为了享受更多的自由我们应明确自己的信仰，并坚守自己的原则，用自律来约束自己。

曹操是三国时期的枭雄，他虽然野心很大，但在自己统领的军队中却留下了严于律己的美名。

一次，麦熟时节，曹操率领大军去打仗。为了不骚扰百姓、践踏庄稼，曹操下令：“士兵如有践踏麦田的，立即斩首示众。”于是，士兵们在经过麦田时都下马用手扶着麦秆，小心地走过麦田，没有一人敢践踏

麦子。老百姓看见了没有不称颂的。

可是，正当曹操骑马走过时，田野里忽然飞起一只鸟儿，惊吓了他的马。马一下子蹿入田地，踏坏了一片麦田，曹操立即叫来随行的官员，要求治自己践踏麦田的罪行，官员说：“怎么能给丞相治罪呢？”曹操说：“我亲口说的话自己都不遵守，还会有谁心甘情愿地遵守呢？一个不守信用的人怎么能统领成千上万的士兵呢？”随即抽出腰间的佩剑要自刎，众人连忙拦住。

这时，大臣郭嘉走上前说：“古书《春秋》上说，法不加于尊。丞相统领大军，重任在身，怎么能自杀呢？”曹操沉思了好久，说：“既然古书《春秋》上有‘法不加于尊’的说法，我又肩负着天子交给我的重要任务，那就暂且免去一死吧。但是，我不能说话不算话，我犯了错误也应该受罚。”于是，他就用剑割断自己的头发说：“那么，我就割掉头发代替我的头吧。”曹操又派人传令三军：丞相践踏麦田，本该斩首示众，因为肩负重任，所以割掉头发替罪。

古人认为，头发是从父母那里继承来的，随便割掉是大逆不道的不孝之举。曹操作为封建社会的政治家，能够割发代首、严于律己，实属难能可贵。

自律，就是自己管好自己。人世间，最顽固的人是自己，最难战胜的也是自己。自律对于一个人来说就好像一辆汽车的制动系统一样，如果一辆汽车光有发动机而没有方向盘和刹车的调节，就会失去控制，不能避开路上的各种障碍，就有撞车的危险。一个想要有所成就的人如果缺乏自律能力，就等于失去了方向盘和刹车，必然会“越轨”或“出格”，甚至“撞车”“翻车”。

在生活中，我们必然要接触各种各样的人、处理复杂的事，其中有顺心的，也有不顺心的；有顺利的，也有不顺利的；有成功的，也有失败的。如果缺乏自律、放任不羁，势必会搞坏关系、影响团结、挫伤积极性，甚至因小失大，铸成大错，最终后悔莫及。因此，我们必须要有较强的自律能力，管理好自己，才能让所有事情都在自己的掌控之中。

富兰克林说："我们判断一个人，更多的是根据他的品格而不是他的知识，更多的是根据他的心地而不是他的智力，更多的是根据他的自制力、耐心和纪律性，而不是他的天分。"

在日常生活中，我们要时时提醒自己自律，要有意识地培养自律精神。比如，针对自身性格上的某一缺点或不良习惯限定一个时间期限，集中纠正，效果会比较好。

千万不要纵容自己，给自己找借口。对自己严格一点儿，久而久之，自律便会成为一种习惯、一种生活方式，你也会因此变得更完美。

05 任何毫无节制的活动，都将一败涂地

一个人只有能够控制自己、主宰自己，才能够战胜自我、远离不幸、走向成功。

他人在看电视的时候，你能否在看书？他人在娱乐的时候，你能否去运动？他人在睡觉的时候，你能否早点起来？他人“老婆孩子热炕头”的时候，你是否能忍耐与家人暂时分开？要想成功，这一切是你必须要付出的代价。很多人之所以无法克制这种懒散的习性，最重要的缘由是缺乏自律。

想一想，你生活中有多少次失败都是因为自律精神的缺失造成的。

譬如，节食两天后，吃了一大块巧克力蛋糕，计划就此放弃；下定决心这个月一定要将计划书做出来，然而直到月末还只字未写；赌咒不到午饭时间绝不看邮箱，但才到 10 点，就自己打破了誓言。

对于上面的情景，你是不是觉得很熟悉？也许你就曾经暗自决定要变得更自律，也许你确信自己只需坚持再努力一下就行了，但是你却没有；而这种难以坚持下去的结果会令你更加焦虑，因为你知道如果缺乏自律，你的目标将无法实现，你的人生也很难取得什么成就。

所以，自律就是在诱惑面前，用你的理智去支配行为而非用你的感情，它常常意味着牺牲一时的乐趣和克服一时的冲动。

贝利从小就显现出非凡的足球天赋，他常常踢着父亲为他特制的“足

球”——用一个大号袜子塞满破布和旧报纸，然后尽量捏成球形，外面再用绳子捆紧。贝利经常光着黑瘦的脊梁，在家门前那条坑坑洼洼的小街赤着脚练球。尽管经常摔得皮开肉绽，但他始终不停地向着想象中的球门冲刺。

渐渐地，贝利有了些名气，许多认识与不认识的人常常跟他打招呼，还向他递烟。像所有未成年人一样，贝利喜欢吸烟时的那种“长大了”的感觉。

有一次，当贝利在街上向别人要烟的时候，父亲刚好从他身边经过，脸色很难看。见状，贝利低下头，不敢看父亲的眼睛，因为他看到父亲的眼睛里有一种忧伤、一种绝望，还有一种恨铁不成钢的怒火。

父亲说：“我看见你抽烟了。”

贝利不敢回答父亲，一言不发。

父亲又说：“是我看错了吗？”

贝利盯着父亲的脚尖，小声说：“不，您没有。”

父亲又问：“你抽烟多久了？”

贝利小声为自己辩解：“我只吸过几次，几天前才……”

父亲打断了他的话，说：“告诉我味道好吗？我没抽过烟，不知道烟是什么味道。”

贝利说：“我也不知道，其实并不太好。”说话的时候，他突然绷紧了浑身的肌肉，手不由自主地往脸上捂去，因为他看到站在自己跟前的父亲猛地抬起了手。但是，那并不是贝利预料中的耳光，父亲把他搂在了怀中。

父亲说：“你踢球有点儿天分，也许会成为一名优秀的运动员，但如果你抽烟、喝酒，那就到此为止了，因为你将不能在90分钟内保持一个较高的水准，这事由你自己决定吧。”

父亲说着，打开他瘪瘪的钱包，里面只有几张皱巴巴的纸币，父亲说：“你如果真想抽烟，还是自己买的好，总跟人家要太丢人了，你买烟需要多少钱？”

贝利感到又羞又愧，眼睛里涩涩的，可他抬起头来，看到父亲的脸上已是泪水纵横。

后来，贝利再也没有抽过烟，他凭着自己的自律精神勤学苦练，终于成为一代球王。

德国诗人歌德说：“谁若游戏人生，他就一事无成，不能主宰自己，永远是一个奴隶。”一个人要想主宰自己，就必须对自己有所约束、有所克制，因为“毫无节制的活动，无论属于什么性质，最后必将一败涂地”。不论做什么事情，自律都至关重要。自我节制、自我约束是一种控制能力，尤其能控制人们的性格和欲望，一旦失控，随心所欲，结局必将一败涂地，不可收拾。

那么，怎样才能培养过人的自制力呢？

国外许多心理学家致力于自制力的研究，他们提出了多种培养自制力的方法，其中“7个控制”的方法值得借鉴。

1. 控制接触的对象。选择自己喜爱的伙伴，结识对自己有帮助的朋友，对那些不利于成功的交往对象要控制自己与他们少接触。

2. 控制沟通的方式。沟通的重要方式是聆听、交谈、观察，当你与他人交谈的时候，要控制自己的语言，使对方从你的话语中感觉到尊重并有所收获。

3. 控制思想。对于大脑进行思考的问题要有所控制，可以进行创造性的想象，而对于忧虑、苦恼则尽量少想。

4. 控制时间。无论是工作、娱乐还是休息，都应有时间安排，不能想玩时就玩上一天而忘了学习，想学习时就学上一天而忘了休息。

5. 控制忧虑。无论周围发生了什么事情，都要保持乐观的精神。

6. 控制承诺。不能随便承诺，一旦承诺了的事情就要努力做到。

7. 控制目标。科学的目标能帮助你保持愉快的情绪。

如果一个人有比较强的自制能力，那么他一定能够战胜自我、远离祸害，时刻感到快乐。如果不幸遇到祸害，他一定能够泰然处之、化祸为福。

06 约束自己，脚踏实地

只有脚踏实地去干，才有能力捍卫自己的地位。

你可能有过这样的经验：站在沙堆里的时候，无论怎么使劲跳，总是不如在结实的路面上跳得高、跳得远。其实，工作也是如此，如果我们总是好高骛远，不能踏踏实实地做好平凡的工作，那就等于没有坚实的基础，又怎能向上跳，取得进步呢?

无论你现在在什么样的公司工作，科技、出版、电子、贸易、娱乐……也不管你正担任的是什么职位，后勤、业务、办事员或主管……正所谓“职业不分贵贱”，认真看待自己的责任，脚踏实地、全力以赴、自我成长将是你所获得的最好的回馈。

通过经验的累积，不仅外在的工作能力越来越强，内在的心智也会跟着有所成长，如此“里应外合”之下，你就奠定了坚实的基础，也做好了追求下一个阶段成功的准备，而这一切都需要你的自律精神作为基础。

但是，现实中有这样一种人，他们天天幻想着自己能获得伟大的成就，却从来没有从卑微处努力的自律精神。有一个词专门形容这类人——好高骛远。

好高骛远的人在人生的道路上很容易犯下一个大错误，他们总以为人生有“直达车”，自己可以不经历困难而直达终点，不经历低谷而直达高峰，舍弃细小而直达博大，跳过眼前而直达远方。目标远大固然很好，但光有远大的目标是不够的，还要为此付出努力才行。如果只是空怀大志却不愿脚踏实地地执行，那远大理想就永远只能是空中楼阁，永远只是计划中的计划。

不能脚踏实地地努力的人，最大的失误就是不切实际，明明身处于现实之中，却总是看不清楚（或者不想看清楚），导致的结果就是他们容易误判情势，常以“以己之长比人之短”，然后便陷入“这也看不惯，那也看不惯”的窘境，要不就是以不屑的态度看待一切，以为周围的人和事物都故意和自己做对。

这些人因为脱离了现实，不能正视自己，没有自知之明，只能生活在虚幻之中，见到一个无限夸大的自己，自律精神更是无从谈起。不能脚踏实地，所有远大的目标也只不过是海市蜃楼。

事业就像一辆车，而工作态度就是车轮，如果我们不让车轮着地，那么这辆车永远不可能往前开。只有脚踏实地才能进步，伟大都是从平凡中衍生出来的。

在斯特拉特福子爵为克里米亚战争举办的晚宴上，他们做了一个游戏，军官们被要求在各自的纸片上秘密写下一个人的名字，这个人要与那场战争有关，并且是那场战争中最有可能流芳百世的人。结果每一张纸上都写着同一个名字："南丁格尔。"带来光明的天使——南丁格尔，她是那场战争中赢得最高声誉的妇女。

1860年6月24日，南丁格尔将英国各界人士为表彰她的功勋而捐赠的巨款作为"南丁格尔基金"，用于表彰那些做出突出贡献的护士。"南丁格尔奖"被视为护士行业的最高荣誉。

革命导师马克思也对南丁格尔的勇敢和献身精神十分敬佩和感动，曾多次赞扬这位伟大的女性。如今，全世界都将5月12日作为护士节以纪念她，将她称做现代护理工作的创始人。下面是一段关于南丁格尔的故事。

南丁格尔带着护士小分队来到了战地医院，在几个小时内，成百上千的伤员从巴拉克战役中被运了回来，她的任务就是要在这个痛苦嘈杂的环境中把事情弄得井井有条。不一会儿，又有更多的伤员从印克曼战场中被运了回来，什么事情也没有准备好，一切都需要从头安排。而当各种事务都在有序地进行时，她自己又会去处理其他更危险、更严重的事情。在她负责的第一个星期，有时要连续站立20多个小时来分派任务。

"南丁格尔的感觉系统非常敏锐。"一位与她一起工作过的外科医生说，"我曾经和她一起做过很多非常重大的手术，她可以在做事的过程中把事情做得非常准确。特别是救护一个垂死的重伤员，我们常常可以看见她穿着制服出现在那个伤员面前，俯下身子凝视着他，用尽她全部的力量，使用各种方法来减轻伤员的疼痛。"

一个士兵说:“她和一个又一个的伤员说话，向更多的伤员点头微笑，我们每个人都可以看着她落在地面上那亲切的影子，然后满意地将自己的脑袋放回到枕头上安睡。”另外一个士兵说:“在她到来之前，那里总是乱糟糟的，但在她来过之后，那里圣洁得如同一座教堂。”

南丁格尔并没有因为自己的工作卑微而轻视它，相反，她对其投入无限的热忱，她高尚的人格以及对工作无私的付出和近乎虔诚的实干精神使她获得了所有人的尊敬和信赖。南丁格尔的事迹告诉我们，具有自律精神、愿意实干的人应该受到所有人的尊敬。人们永远尊重那些肯脚踏实地付出的人，就像永远尊重对自己的人格负责的人一样。

脚踏实地的自律精神是一种伟大人格的体现，一个人最有魅力的时刻莫过于他承担自己本职工作的那一瞬间。意大利哲学家马志尼说过这样的话:“我们必须找到一条比任何理论都优越的教育原则，用它指导人们向美好的方向发展，教育他们树立坚贞不渝的自我牺牲精神，这个原则就是对于责任的实干精神，这种责任是他们终生的责任。”

实干精神是一个人品格和能力的承载，是一个人走向成功必不可少的一项素养。所有成功的人具备一个共同的品质——责任感。聪明、才智、学识、机缘等固然是促成一个人成功的必要因素，但假如他缺乏脚踏实地的自律精神，仍不会成功。

第二章

善于反省自己，才能做出改变

自律的人都善于反省自己。

也正因知道自己有诸多不足，人们才更加自律。

每个人身上都有大量潜能，也有诸多缺点，只有时刻反省自我，

看清自己的优势和劣势，我们才能发挥自己的优势，纠正自己的不足，

时时改变自己、提高自己、超越自己。

01 认识你自己

每个人都是独一无二的，只有在认清自身特点的基础上，才能发现自己的优势与特长，从而打造属于自己的独特魅力，从而为自己的价值加码。

苏格拉底在2000多年前就教导我们说“认识你自己”。后来，古希腊人将这句箴言刻在了帕尔索山的一块石碑上。卢梭称这一碑铭：“比伦理学家们的一切巨著都更为重要、更为深奥。”可见，人最难认识的就是自己，要不然孔子也不会说：“人苦于不自知。”

的确如此，人的很多迷惑和苦难都是不自知的结果，世俗和盲目在很大程度上都是因为人无力认识、掌握和控制自己，也正因如此，苏格

拉底才警醒我们要“认识你自己”。我们将自己欺骗得有多惨，就将被这个世界骗得有多惨；我们将自己了解得有多深，就能够将这个世界把握得有多真。所谓“人贵有自知之明”就是这个道理。

所以，我们只有充分了解自己、认识自己，才能树立自己的个性，才能知道自己有多强大。

一天早晨，一只山羊在栅栏外徘徊，它很想吃栅栏内的白菜，可是进不去。这时，它看见了自己的影子，因为太阳是斜照的，所以影子变得很长。它便对自己说：“我如此高大，一定能吃到树上的果子，不吃这白菜又有什么关系呢？”

于是，它奔向很远处的一片果园。可还没到达果园，就已是正午了，此时太阳正照在头上，山羊的影子变成很小的一团。

“唉，我这样矮小，是吃不到树上的果子的，还是回去吃白菜吧。”它对自己说。

因此，它又决定往回奔跑。当它跑到栅栏外时，太阳已经偏西了，它的影子又重新变得很长。

“我干嘛回来呢？”山羊很惊讶，“凭我这么高大的个子，吃树上的果子是一点也不费劲儿的呀！”

山羊又返了回去，就这样来来回回，直到黑夜来临，仍然饿着肚子。

事例中的山羊正是因为不了解自己，所以最终它只能饿肚子。然而，如何才能真正了解自己、认识自己呢？

首先，要学会自省，也就是说要善于自我观察。最好的方法就是站在一旁，像陌生人一样来评估自己。只有善于自我观察才能更加了解自己、认识自己；而只有更好地了解自己，才能通过自我反省一步步控制自己、征服自己、战胜自己，最终驾驭自己的人生，塑造自己的个性。接着，要尽可能客观地进行自我检查，评估自己的能力并认清自己的缺点。

其次，要保持积极的自我对话。据说，当有人问古希腊大学问家安提司泰尼:“你从哲学中获得了什么呢？”他回答说:“同自己谈话的能力。”

同自己对话，其实就是发现自己、认识自己、改变自己、超越自己的一个过程。

最后，要多多请教他人，多与别人沟通。世界在每个人眼中呈现出千姿百态的影像，只因每个人的视角不同。我们的背景与经历总是会受到各种限制，即使尽力地敞开自己，也难免会有看不到的死角。这就好比一个方向的探照灯无论怎么来回扫射，总会留下光线的死角。好在我们还可以向他人请教，既可以请求别人谈谈对自己的看法，也可以向别人咨询某些事情的处理方式。不同的视角带来不同的洞见，多多请教别人，总会发现一些尚未被我们碰触过的智慧死角。我们对自己有一个全面的认识，了解了自己的个性之后，才能树立自己的个性。

所谓个性，是基于对自己的全面理解，将自己最大化地发掘出来，激活优势，弱化劣势。就像哲学家总是通过自身反省来了解世界一样，一个人只有了解了自己，才有能力了解这个世界，也才能够对事物抱有自己独特的观点，做出顺势而为、最为合适的反馈，赢得最大的效果。

有的人对于生命很自觉，能够主动了解自己、反省自己，发现性格和能力上的优势与劣势，然后寻找能够发挥自己优势的机会，并将劣势化为努力的动力。

而对有一些人来说，在这个世界上最不了解的人就是他们自己。当他们看到自己的优点，就自以为“老子”天下第一，沾沾自喜，往往在向前冲的时候撞到墙壁。而当发现自己的缺点，就一叶障目不见泰山，认为自己处处不如人，即使有幸遇到机会也不敢把握。甚至有些人终其一生也从未分析过自己所拥有的筹码，随波逐流地生活，任凭命运的河流将自己随意带领。

于是，了解自己的人，发挥了自己的优势，避免了自己的劣势；不了解自己的人，忽略了自己的优势，加重了自己的劣势。前者向外界展现的是自己的优势，后者向他人呈现的是自己的劣势，以优击劣，结果不言而喻。

每个人都不是十全十美的，一个人要尽可能多地了解自己。不但要了解自己的优点，更要认识到自己的缺点。一个人如果不能清楚地认知自己的优缺点，寻找出最适合自己未来的发展方向，是很难成功的。

当然，每个人都应该有自己的个性，珍视自己，并且真正地尊重自己。当一个人对自己有了足够的认识并珍重自己时，便能产生个性，然后才能通过个性发挥专长贡献社会。

否定个性的人不会有进步，自己扼杀自己个性的人也不会有进步。如果你要成功，就应该不断认识自己、反省自己，发挥自己的个性，应该朝着新的道路前进，而不是跟随被踩烂的成功之路。从这个角度来说，树立自己的个性是每个人成功和进步的必备素质。

02 自省，照亮内在的自我

自省不仅能够让人认清自己，还能够让自己理解他人。只有通过自省，才能从道德意义上约束自己，从而完善自己。

人类的眼睛演化的结果是只能朝外看，看得见别人身上的瑕疵，却看不到自己身上的斑点。为了看见自己，人类发明了镜子，但镜子只能照出人的外貌，却看不见人的内心。要想看见更真实的自己，我们就要利用一面能照出内在自我的魔镜——自省。

自省，顾名思义，即自我省悟、自我检查、自我剖析，是指对一个人自身思想、情绪、动机与行为的检查。经常冷静地回顾自己的思想和行为，寻找自己的缺点和错误，这是只有人类才能办到的事。

自省是一面镜子，可以照出自身的缺陷和毛病，自省的过程又是不断改正错误、更新提高自我的过程，正所谓“一日三省吾身”。

其实我们每个人都需要一面“镜子”，以便更好地了解自己。有时，这面“镜子”是自己身边的人，在他们的帮助下，我们可以发现自己的优点和缺点，从而查漏补缺，获得成长。但我们不能总是依赖别人帮助自己找缺点，因此需要学会观察生活中其他人的行为来对照自己，发现自身的不足，并使自己严格按照道德规范去为人处世，这就是我们常说的“自律自省”。而在自律自省后规范自己的一言一行，使自己不致再犯同样的错误，就需要我们慎言慎行。

春秋时期，宋国一度内政不修，引起动乱，当时的国君宋昭公落得众叛亲离、被迫出逃的下场。

在路上，宋昭公进行了深刻的反思，他对车夫说：“我知道这次被迫逃出的原因了。”车夫问：“是什么呢？”昭公说：“以前，无论我穿什么衣裳，侍从都说我漂亮；无论我有什么过失，大臣都说我英明。这样，从内外两方面我都发现不了自己的过失，最终落得如此下场。”

从此，宋昭公改弦易辙，注重品德修养，不到两年，美名传回宋国，宋人又将他迎回国内，让他重登君位。他死后，谥为“昭”，就含有称赞他知过必改的意义。

这就是自省的作用，它能让人不断进步。

自省这面明镜可以帮助我们明是非、知善恶、辨美丑，它是每个人成长的一个重要途径，否则我们只能是原地踏步，永远不能进步。

自省之后，我们还需要通过自律来帮助自己扭转过去的错误。自律就是一个监督自己的道德法庭，当我们心中有了这个“法庭”之后，就能够约束自己的恶念和不好的习惯，让自己变得更优秀。

自省这个道德法庭的特殊之处就在于自己充当了所有角色，既是起诉者又是被告人，既是审判官又是行刑者。当你发现自己的错误思想和言行并将之陈述于“公堂”之上，此刻的你就是一名起诉者，而被告的就是你的错误思想和言行。然而摇身一变，你又成了审判官，对照“立法”开始审判自己的思想言行。作为审判官，你应该公正无私，不受外界困境和邪恶的影响，不被快乐、幸福、欲望等情感影响，而是根据自己的“立法”，根据为实现自己的道德理想而行动的道德原则对自己的错误思想和言行宣战。当被告人受到自己内心的审判官的无情谴责从而自我调控，自觉选择道德行为、纠正不良道德动机的时候，你就把握了自己、战胜了自己、超越了自己，实现了道德境界的不断升华。

一个经常自省的人常常会检视自己的内心，问自己："我今天有什么收获？""我今天的行为都是应该的吗？""我要怎么样才能做得更好？"……经常这样问，就好像把自己当做一件艺术品那样去雕琢、去精心呵护，这样就能让自己像艺术品一样在别人眼里价值连城，为人们所称颂。

让我们成为艺术品的就是自律自省中形成的良好修养、高尚品德和崇高人格。因此，我们要学会自我批评、自我反省，督促自己改正错误，并长此以往坚持不懈，这样我们就能让自己的人生在不断"雕刻"中日趋完美，为人们所尊重。

此外，自律自省还是引领我们走向成功的阶梯。每个人的成功都不是一蹴而就的，都需要不懈努力，在不断的失败中找出通向成功的道路，而自律自省就是帮助我们打开成功之门的钥匙。只要我们每天注意反思，找到自己所做的对与错的言行，就能理清思路，走向成功。

因此，一个希望获取成功的人向来自律自省。我们要想在学习上有所收获，必须学会自律自省，正如古人所说："先学而后知不足。"这里的"学"可以扩展为通过学习、反思来提高认识。我们平常所说的"吃一堑，长一智"也是指通过对自身失误的分析、反思来提高自己的认识水平和处世能力，使之达到新的高度，不断接近成功。

在生活中，自律自省还能让我们理解他人过失，发现他人优点，从而学会宽容；能让我们发现自己的不足，思考自己的得与失、善与恶、对与错，开展积极的思想斗争，自觉纠正言行偏差，并不断对自己提出更高的道德要求，完成从自发到自觉、从外表到内心、从被动到主动的行为转变，使自己的道德修养提高到一个新的境界，从而使自己成为一个道德高尚的人。

03 人是需要被不断克服的

能够理性反思、主动反省就是大彻大悟。一个人在彻悟之后，便能学会审视自己，克服性格中的弱点，最终走向成功。

“人是需要被克服的东西。”尼采在《查拉图斯特拉如是说》一书中写道。为什么人是需要被克服的呢？我们需要克服什么呢？这就是尼采要解决的问题。因为他在对生命的探索中发现人性有太多的弱点，这些弱点让他为生而为人感到羞愧、感到愤怒，可他又太爱生命、太爱人类了，所以他要让人类摆脱这些弱点，使人类变得更加强大、更加无畏、更加高大。于是，他才发出这样的呐喊：“人啊！你是个需要被克服的东西。”可以说，尼采的所有学说都是围绕人如何克服自己、使自己变得强大这个中心展开的，为此他提出了超人学说，激发人们不断超越自我，从而到达生命更高的地方。

毋庸置疑，每一个人的内心深处多少都隐藏了一些不易察觉的弱点，这种内在的弱点常常会驱使一个人做出危及自己的行为。如果一个人对自己的缺点浑然不觉或者不知反省，结果就会把自己一步一步推向失败的境地。不知道自己在做什么，就是不知道自己的弱点，不能扬长避短、盲目行动的人。

是的，人性难免会有弱点，这些人性的弱点包括贪婪、心软、骄傲、自满、粗心大意、自卑、忌妒等。在投资领域，最容易显现的人性的弱点就是贪婪，对待这些弱点采取不同的态度就会有不同的结果。如果任由这些弱点疯长，那么最终的结果必然是失败；而如果能正视自己的弱点，并加以克服和改正，收获的必然是成功。像忌妒、懒惰、爱慕虚荣、撒谎等弱点，只要能够认识到，都是可以克服的，关键是自我反省和自我克制。

当然，有时候人性的弱点并不是决定性的弱项，利用得恰到好处反而能够成为一个强项。正视它、制伏它，你就会无所畏惧。

从某种角度来说，所谓自律，其实就是对自我的克服，不断克服情绪上、精神上、思想上的消极；不断克服自己的弱点、人性的弱点，做到慎独。因为人不是活在永恒中，什么都不是一劳永逸的，不是说通过自律达到了什么样的心境，我们就能永远活在这种心境中。一个人生活在这个世界上，每时每刻的感受都是不一样的。就拿我们自己来说吧，有时候，我们会感到一切是那么美好，仿佛什么都各得其所、得其所哉，可有时候，我们会因为种种烦心事或者莫名的烦躁不安，顿时对一切都失去了兴趣，变得情绪消沉、自怨自艾、自暴自弃、麻木不仁，而且无论一个人的修养有多好、境界有多高，难免总会有一些摆脱不了的烦恼，这就需要我们通过自律来不断维持动态的平衡，克服一些不利于自己身心的思想。

也许你现在还年轻，但正因为你还年轻，就更应该严格要求自己，只有在年轻时严谨、自律，才能克服人性的弱点，培养良好的品行。撒谎、欺骗、忌妒、怨恨、诽谤等人性的弱点都与品性上的缺陷有关。倘若一个人在各方面都相当纯洁，那么他的品行就不会受到影响。

当然，相对人性的弱点而言，人也有很多人性的优点，譬如正直、勤奋、活力等。可是如果你不拥有第一个品质，也就是说，如果你不具备正直的品行，其余两个就会毁灭你。所以说，即使利用人性的优点，也要建立在克服人性弱点的基础上。

但往往，人又是极其富有感情而脆弱的动物，从知道用树叶做成衣服的那一刻起，就学会了极力美化自己的优点，以便更好地去掩饰缺点。人就是这样一个复杂的矛盾体，渴望却又害怕认识自己，所以就会产生痛苦。在这痛苦之中，有人无力自拔，成了自己的奴隶；也有些人在经历了深刻的自我反省之后，勇于坦诚地面对世俗的眼光，向自己挑战，进而重新认识了自我。

人性的弱点最易让人迷失理性，所以我们要善于自我反省、自我批评，经常检视自己的内心。自我反省是提高一个人认知能力和办事能力的方法，缺乏自我反省是盲目者最显著的特征，他们不能从根本上清理自己的错误。而一个错误太多的人，只能在失败的道路上越走越远。

一个人如果失去反省的能力，他就看不见自己的问题，更不能自救。假如一个人不时常反省或管理自己，就很容易把责任推给别人，犯上自以为是的错误。

反省的好处是让我们更清醒地认识自己。在安静的心灵状态下，我们可以看清事情，包括自己对问题应负的责任、做事情的新方法以及阻碍自己的方式。反省让我们觉察到自己所设下的限制，以及我们思考中的某些盲点。一个人在反省自己的同时，其实也是在接近成功。

如果你想成为一个成功的人，一定要先弄清人的本性，无论做什么都必须克服人性的弱点，才能跨上一个高度。如果不能清楚地知道自己的弱点并加以超越，那么你的能力以及思想高度就会永远停滞不前。

一个人唯有领悟了人性，克服了人性的弱点，才能找到成功的捷径。

所以，你想要有所作为，就必须了解人的本性、探究人的本性。只有弄清楚了人性的弱点，你才能有针对性地克服这些弱点。而只有正视人性的弱点，你才能超越它。

04 用旁观者的眼光审视，做自己的批评者

对自己冷眼旁观，做自己的批评者，才能时刻保持清醒，避免落入一种无法自拔的可悲境地。

古诗云："不识庐山真面目，只缘身在此山中。"这是告诉我们"当局者迷，旁观者清"，一个人对自己的认识定会存在局限性。所以，认识自己首先要跳出"庐山"，以旁观者的眼光分析、审视自己。功过是非，要不夸大、不缩小，实事求是地看待自己，只有这样，才能克服不足，推动自己不断地进步。

一般来说，自省心强的人都非常了解自己的优劣，因为他们时刻在仔细检视自己。这种检视也叫做"自我观照"，其实质也就是跳出自己的身体之外，从外面重新观看、审查自己的所作所为是否为最佳的选择。这样做就可以真切地了解自己，但审视自己时必须是坦率、无私的。

中外历史上许多杰出的人物都曾进行过深入、细致、全面的自我分析，富兰克林就是其中的代表。

富兰克林是美国著名的科学家、物理学家和社会活动家，他一生在很多领域都做出了杰出的成就，不仅发明过双焦距透镜，还参与起草了美国《独立宣言》。他的成功除了靠他的天才勤奋之外，从《富兰克林自

传》中我们还了解到另一个秘诀——“一日三省吾身”的自我激励。他每天反省自己是否达到了13种道德标准，从而暗示自己、提醒自己、告诫自己、激励自己，不断地向成功努力。这对于我们现代人的成长可以说有着很积极的启示。

富兰克林所列举的13种品德以及他给每种品德所注的箴言（自我暗示）如下：

（1）节制——食不过饱，饮酒不醉。

（2）寡言——言必于人于己有益，避免无益的聊天。

（3）生活有序——置物有定位，做事有定时。

（4）决心——当做必做，决心要做的事应坚持不懈。

（5）俭朴——用钱必须于人或于己有益，换言之，即切戒浪费。

（6）勤勉——不浪费时间，每时每刻做些有用的事，舍弃一切不必要的行动。

（7）诚恳——不欺骗别人，思想要纯洁公正，说话也要如此。

（8）公正——不做损人利己的事，不要忘记履行对人有益而又是自己应尽的义务。

（9）适度，避免极端——人若给你应得的处罚，你应当容忍。

（10）清洁——身体、衣服和住所力求清洁。

（11）镇静——勿因小事或普通的、不可避免的事故而惊慌失措。

（12）贞节——克制自己的欲望，珍惜自己的身体，不过度放纵自己。

（13）谦虚——仿效耶稣和苏格拉底。

富兰克林将上述13种品德写在一个笔记本上，并制成一个小册子，每日都要对着小册子逐条反省自己的行为。他在自传中提到了这种方法，他写道：我的目的是养成所有这些良好的习惯。我认为最好不要立刻全面地去尝试，以致分散注意力，应在一个时期内集中精力掌握其中的一种美德。当我掌握了那种美德以后，接着就开始注意另外一种，这样下去，直到我掌握了 13 种为止。因为先获得的一些美德可以便利其他美德的培养，所以我就按照这个主张把它们像上面的次序排列起来。

富兰克林的经验告诉我们，自省可以帮助一个人取得进步。而做一个自己的冷眼旁观者和批评者是一种修养，它可以使我们保持清醒，避免落入自命不凡或顾影自怜的可笑又可悲的境地。

自省对每一个人来说都是严峻的，要做到真正认识自己、客观而中肯地评价自己，常常比正确地认识和评价别人要困难得多。能够自省自察的人是有大智大勇的人。

哲学家亚里士多德认为，对自己的了解不仅是最困难的事情，而且是对人最残酷的事情。

自省不是要找到自己的不足来打击自信心，而是通过这样的方式来改进并完善自己。

别人并不能映照出你自己，只有自己才是最明亮的镜子。只有进行自省才能最透彻地了解自己，对自己进行正确的认知和评价。也只有这样，才能扬长避短、驾驭情绪，让自己的人生道路少些坎坷，多些收获。

05 对自己的过失敢于负责

工作中难免会有失误，面对过错和失误，最重要的是要有一种勇于自省、敢于担当、知错能改的精神，做到这些，你的职业发展才能顺风顺水。

有责任感的人都是敢于担当的人，他们时刻反省自我，一旦发现缺点就立即改正，从而最大限度地避免自己犯错的可能。

反省，是人类走向光明的起点；反省，是明白自己人生价值与意义的捷径。

我们每一天都应对照做人的准则确认言行是否正确，进行自我反省。抑制自己的邪恶之心，让良心占领思想阵地。良心是“真我”，是利他之心，怜爱他人，愿他人过得好；“自我”指的是利己之心，只要自己好，不管别人。贪婪之心就属于自我，抑制自我，让真我之心活跃，就是反省。

在伟大的哲学家苏格拉底的一生中，绝大多数时间都在自我反省，他还鼓励自己的雅典朋友也这么做。他甚至这样要求自己：“未经自省的生命不值得存在。”

一名出色的员工，不管发生什么事情，都会对自己的行为负责，这是自省的一种表现。一个善于自省的人通常魅力十足，因为他们总是能直面自己的缺点和错误。

在现实社会里，那些具有强烈责任感的人都会通过自省将自己做人做事的成败归结于个人行为。自省的人都是“对自己负责”的人，而对自己负责，又反过来验证了他们自己的责任感。自省与承担责任是相辅相成的，能够自省的人就能够担负责任；同时，能担负责任的人也会在责任中自我反省。

古人提倡的“严于律己，宽以待人”，意思就是要严格要求自己，对他人则要时常存有一颗宽厚的心，多做自我批评，少推卸责任给别人。但情况往往相反，很多人尽管眼睛长在自己身上，而最常用的却是丈量他人，因此往往无法看到自己身上的缺点，当然也无法解决自己身上的问题。

可以说，自省是迈向不找借口推脱责任的第一步。你的工作不只是对企业、对领导的责任，最重要的是对你自己的责任。工作是你自己的需要，你要通过工作来得到成长，无论是在技能还是金钱方面都是这样。放弃自省其实就是放弃让自己成长、放弃争取成功和完美生活的机会。企业也许就会因此而蒙受损失，但受害最深的还是你本人。

在生活中，一个自省的人更能够积极地面对现实。人们之所以常常将责任推卸给他人，就是因为不想面对现实，但现实就是现实，逃避根本解决不了问题，只会让自己陷入更大的困境当中，还会使问题向更坏的方向发展。这就犹如讳疾忌医，人若是生病了，逃避是毫无意义的，不承认自己有病，并不表示你真的就没有病。总是逃避，只会导致病情更加严重。

自省是需要勇气的，毕竟直面自己的缺点与过错是一件令人非常痛苦的事。一个人敢于躬身自省，本身就说明了他很强大，所有企业都欢迎这样的员工。

畅销书《为企业工作就是为自己工作》中有这样一个观点：没有卑

微的工作，只有卑微的工作态度，这其实也是一种自省，代表着一种高度负责的职业精神。作为一名企业员工，我们必须明白，唯有不断自省才能够顺利地开展工作。反省是发现解决方案的开道者，有反省在前面做先锋，解决问题的方案才会随之而来。

美国西点军校军训的目的，就是为了帮助学员们养成一种健康、自省的习惯。其实，军训更强调的是检查个人行为的必要性，之后，学员们就养成了这样一种习惯：若发现自己的某种行为方式达不到理想的效果，就立即进行纠正。

只有不断自省，才能避免自己日后不再犯相同的错误。孔子最得意的弟子并非是那些才高八斗的人，而是看上去非常一般的颜回，孔子对他的评价是“颜回无二过”。因为颜回能自省，所以成为孔子的得意门生。

由此可见，要想不犯相同的错误，唯有自省才能够做到。要做到“不二过”，首先要面对现实，然后在失败的基础上认真分析原因，进行自我反省，并引以为鉴。

世界上没有不犯错误的人，却有“一犯再犯”和“不二过”这两种人，作为领导，你会信任一个总犯同样错误的人吗？你会任用一个总犯同样错误的人吗？答案不言自明。

06 从他人处反观自身不足

金无足赤，人无完人。一个人无论多么优秀，总会有这样或那样的缺点。自省，能让你不断改正自己的缺点；思齐，能让你不断进步。

《论语·里仁》中说：“见贤思齐焉，见不贤而内自省也。”意思是说，要是看到别人的优点，就要向别人学习，设法使自己也具有同样的优点；相反，如果看到别人的缺点，就要积极反省自己，看自己身上是否也存在类似的缺点。这句话无疑为我们不断反省和完善自己提供了一个很好的启示。

那些在事业上能够卓有成就的人，无疑都是在不断学习别人的优点、反省自己的不足的过程中不断进步的。

作家路德·杜德利就是一个通过不断学习别人的优点、反省自己的不足而实现成功的人，他说过：“在文学上，我总是只与我认为很不错的老朋友交往，我的朋友是经过我长期选择的。和我的朋友们在一起，我总能从他们身上发现需要我学习的东西，于是我变得越来越崇高，创作的愿望也越来越强烈。我总能从我的朋友那儿得到‘益处’，他们十之八九都是这样。”

又如，弗兰西斯·霍勒总是把那些对他产生重大影响的书记在自己的日记里或信件中。这些书包括考德瑟特所著的《叶落格·黑尔》、爵华·叶罗德先生所著的《迪斯考斯》、培根所著的《白奈特讲述马休兹·黑尔》。这些书记载了一个个生动感人的劳动创造奇迹的故事，阅读上述书籍总是使霍勒充满激情。在读到考德瑟特所著的《叶落格·黑尔》一书时，霍勒说："每当读这本书时，书中的故事总是感动着我。我被一种激动的心情包围着，对于他们所从事的事业充满无限的倾慕和向往。"在谈到爵华·叶罗德先生所著的《迪斯考斯》一书时，霍勒说："这本书告诉我，什么叫勤劳、什么叫收获。"关于培根的书，霍勒说道："没有任何一本书像培根的书那样催人修身养性，他真是上帝派到人间来教会我们明白成功是如何获得的、伟大是怎样造就的天才人物之一。"

在生活中，要做到"见贤思齐焉"就必须有一颗谦恭之心，因为只有如此，你才可能感受到别人的"贤"，否则，你处处觉得自己都比别人好、比别人强，怎么可能认识到别人的"贤"？

而要想做到"见不贤而内自省"就必须具有自我反省的能力，只有这样，才能从别人的"不贤"中照出自己的"贤"与"不贤"，否则，别人的"不贤"倒是看得很清楚，却看不到自己存在着同样的"不贤"。

其实，每个人都是我们自身的一面镜子，只要我们仔细观察身旁的人们，就会发现，无论多么优秀的人也不可能拥有所有的优点，而看上去十分乏味无趣的人也必然会有自身的一些长处。无论对于哪一类人，你只需学习他们的长处就行了。而对于他们身上的不足之处，则要当做教训来警示自己。

若能切实地学习他人的长处，必能让自己不断进步。只需回首看看现在的自己，便能知道现在的自己不是一半以上经由学习而得的吗？重要的是，要选择好榜样，而且要有对什么是"真好"进行正确判断的能力。

"见贤思齐，见不贤而内自省。"人类就是在不知不觉当中不断地从其他人那里吸收其优点、反省自己的缺点而进步的。

经常同优秀的人们往来，即使不是特别有意识地汲取别人的优点，也会在不知不觉中使自己得到提升。如果你能够不断学习他们的优点，反省自己的缺点，驱策自己不断地向那些优秀的人物靠近，那么有朝一日你也会跨入优秀人物的行列当中。

第三章
你的自制力，决定了你的竞争力

古往今来，凡是事业上有所建树的贤良之士无不深谙自警之道，
处世谨慎小心、慎思慎独。正如古人所言：“常鸣警钟，行举自醒。”
自警可以让我们更自律，进而获得更大的成功。
所以，在纷繁复杂的社会大环境下，
每个人都应想方设法提高自己的警觉性。

01　只有“物超所值”，才是真正地有竞争力

职场生涯变化万千，很多事情都让人无法预料，只有让自己时时保持警醒的状态，时刻保持自律，在困难和挑战面前才更有力量和勇气。

“真烦！有什么事都找我！”

“我为什么这么倒霉？别人都不用做，就只有我要做。”

面对日益繁重的工作，你是不是也曾这样抱怨？你是不是认为领导真的很对不起你，给你微薄的工资，却让你终日忙碌不休？如果你真的有这样的想法，赶紧给自己一个警告吧。在这个生活压力越来越大却又竞争激烈的年代，能“一人当多人用”的人往往是最有价值的人，也是能站得最稳的人。为了保住自己的饭碗，你一定要有足够的自律，告诫

自己放下所有的不情愿，把有限的时间投入到无限的工作中去。倘若你还时常被交付重任，那么你就更不该抱怨，而应该偷笑。

如今，随着商业社会的成熟，越来越多的企业从原本注重员工的学历转变为注重经历、工作态度、价值观以及综合素质。所以，你不妨聪明点儿，投其所好，在上述方面多下点功夫，让领导看到你的多元性与多项任务的操作能力，这样才能成功提升自我价值。

多年前，一个领导曾经聘用了一名女孩做助理，工作内容很简单，就是帮忙拆阅、分类信件。领导看着她每天面无表情、一板一眼地执行工作，虽然说不上不开心，但想必也没有多快乐。

有一天，这个领导经过这个女孩的座位旁时，却突然停了下来对她说："我知道你认为工作很无聊，但是你可以尝试从中找点乐趣，而这一切的前提就是你能够有足够的自律让自己投入到工作当中。"

连领导自己也没想到，他的这句话给女孩带来的改变会来得这么快且剧烈。此后，女孩开始在晚饭后回到办公室继续工作，不计报酬地做些分外的工作，比如替领导回信给客户。为了力求把工作做得完美，她认真研究领导的写信方式，努力让这些回信看起来更逼真，就像是领导亲自回复的一样好。在不断的钻研中，女孩感受到了工作的乐趣。她持续这样做，似乎不在意领导有没有注意到。而领导嘴上虽然不说，其实都看在了眼里。

过了没多久，领导渐渐会交付她一些原定工作内容以外的事情，她的表现从没让领导失望过。在前任秘书离职后，她理所当然地成了领导的新秘书首选。升职时，她写了一封表达谢意的信给领导，但是领导却对她说："这一切都源于你的自律，当你发现自己的错误之后，能够马上改正自己的态度和做法，这就是最大的竞争力！”

在没有得到这个职位之前便已身在其位，这是女孩获得提升的重要原因。她能够在下班之后在没有任何报酬承诺的情况下刻苦训练自己，这就是自律的威力。自律是提升个人竞争力、做到物超所值的利器。

光从行为上看，人们或许都会偷偷取笑女孩傻，但如果从结果来看，还有人认为她这么做很傻吗？

每个人在职场上辛苦耕耘，无非是希望职位能越升越高，薪水袋能越来越厚。既然我们的目标如此简单，那么与其成天计较工作多寡，不如把心思放在提升自我价值上，因为总有一天，你的努力终将获得回报。

学习的脚步永不能停息，要想不断提升自己的价值，关键是要提高自己的自律能力。一个自律的人能够突破自身限制，这个“限制”指的是我们的能力所能达到的高度和宽度。在提升自身价值的过程中，不必在意领导究竟有没有注意到，也不用忙着计较自己能不能因为多做的事情而得到额外的报酬。如果我们能够发挥自律，让自我达到这种境界，那么一定能够实现自我价值，成为那个“不可或缺”的人。

可能多数人都认为混日子是件轻松又惬意的事。我们先不讨论这种观点的是非对错，仅看得失利弊就可以。请想想，现实生活中，有哪家公司会给不能为公司创造利润的员工增加福利和薪水呢？抱着混日子的想法来工作，不但无法持久，而且前途渺茫。希望自己是前途“无量”而非“无亮”，首先得让企业主感到“物有所值”，再力求“物超所值”，如此才有机会在公司占得一席之地。所以，不管怎么说，提高自己的竞争力是让自己脱颖而出的最好办法。

没有一个领导喜欢做亏本的生意，公司聘用员工，当然会定下期望值，期望值的依据就是学历、能力和资历。当个人表现与公司期望相吻合时，会被认为是“物有所值”；当表现超越了公司期望，就会被认为是“物超所值”。从表面上来看，受惠者是公司，但实际上应该说是“双赢”才对，因为当你的个人价值越高，企业对你的依赖度就会越深，这就形同一种保障，也是一种胜利。

做到“物超所值”，就等于具备了真正的竞争力。有了竞争力，便不容易被取代。

有的人会说：“我的职位又没多重要，怎么彰显自己物超所值啊？”别担心，就算职位再普通，你也能做出高于常人的成绩，而这一切的前提就是你要懂得自律、自我警醒、自我教育，始终保持成长、主动沟通、积极合作。

02 完成了自己的责任，才有资格谈成功

好高骛远总不如脚踏实地实际，只有做好自己该做的，才能去做能做的。

职场上，有些人总是好高骛远，只想着将来要获得什么样的成绩，而忘了自己分内的责任，这种人是很难获得成功的。即便你的工作再卑微，也要记住，那是你的责任，只有完成了自己的责任才有资格去谈成功。

成功不见得在大领域内才能创造，即便是在范围有限的专业领域，只要专心钻研，不轻易放弃，不轻易自满，学会自律，让一次又一次的

成功表现成为跳板，在小领域也能创造大成功，帮助自己攀向另一座人生高峰。

在英国赛马界有一位声望极高的权威性人物亨利·亚当斯，他既不是名声显赫的领导，也不是技能出众的骑师，只是一名负责钉马掌的铁匠。可为什么像亨利这样在一般人印象中的“小角色”却会成为重量级的人物呢？原因就是他总能给赛马钉上最合适的马掌。

亨利常说：“我给赛马们钉了一辈子的马掌，这就是我的工作，也是我最关心的事。每当我看到一匹马，首先想到的就是这匹马应该要钉一副什么样的马掌最合适。”

亨利做了一辈子钉马掌的工作，或许有人认为这份工作微不足道，但他却通过这份工作为自己赢得了极大的荣耀。即便在他年事已高时，找他替马钉马掌的骑师仍然络绎不绝，生意好到要排队等候是常有的事情。

相信大家应该都很羡慕荷包满满、生意应接不暇的亨利·亚当斯吧，他就是典型的“从小处创造大成功的人”。如果你也希望能够像他这般，那么就必须先在工作上做到自律。不妨通过问问题的方式来提醒自己、训练自己。例如，我是否明确了解自己的职责？我是否能够抗拒各种诱惑，把工作做到尽善尽美？我在工作不如意的情况下，是否也能“在其位谋其职”，仍旧投入自己全部的精力？

如果你对于上述问题皆能获得肯定的答案，那么属于你的成功应该就在不远处了。当然，成功没有那么容易，不可能唾手可得，在过程中吃点儿苦头是难免的，不过，如果能站得高一点儿，看得远一点儿，眼前的困难就会变得微不足道。最好的办法就是发挥自律，对自己严格一点，定下更高的目标，提出更高的要求，并且一步一个脚印，排除万难，踏实地完成。在有办法承受挫折与考验之后，你将能清楚地知道，今日的锻炼将是未来成功的垫脚石，往后若是再面对工作中的各种困难时便能够泰然处之了。

或许有人心里会这么想："我负责的是再普通不过的工作，就算做得再好也看不到出路。况且那么无聊的工作和优秀根本扯不上边儿，只是混口饭吃罢了，要通过工作来变得优秀谈何容易！这种方法可能不适合我吧！"

然而，这种想法是非常危险的。对于一个有自律能力的人来说，"尽本分"是不可逃避的责任。是否做好了自己的本职工作也是一个人竞争力最好的体现。著名经济学家茅于轼在《中国人的道德前景》一书中说："一个商品社会的成熟程度，可以用其成员对自己职业的忠诚程度来衡量。社会成员具有强烈的职业道德意识是商品经济长期锤炼的结果。一个人如果不尽本分，不忠于自己的职守，必然会被淘汰，不像在德行的其他方面，如果有什么缺点还不致立刻威胁到自己赖以谋生的手段及饭碗。"

虽然绝大多数的人身处不同的工作岗位，但若将其工作内容抽丝剥茧地细细审视，便不难发觉可能有九成以上的人都在做着延续性、重复性、维护性的工作，单位里真正能做开创性工作的人大概不超过10%。这么说来，难道只有少数的人才是有竞争力吗？答案是否定的，一个人之所以优秀，不在于其担任什么样的职位，而在于其是否有足够的自制力来完成看似枯燥的工作，并且在这份工作中提高自己的竞争力。

在某大厦的电梯间里有一道靓丽的风景，一支由年轻女孩组成的电梯服务队给人留下了深刻印象。

她们身着空姐式的制服，工作场地是只有几平方米的电梯间。工作虽然很辛苦，但是她们在迎来送往的工作中始终面带微笑，凡是来过这里的顾客都对她们那如花般灿烂的笑容记忆犹新。

电梯员的工作很枯燥，每天重复的语言只有这样几句话："您好！请问您去几层？""好的！请您慢走，谢谢光临。"这些看似简单的语言说起来容易，但每天重复却不是一件简单的事情。

黄某就是这个企业的一名电梯员，她刚刚来到这家企业的时候，是一个性格腼腆的农村女孩，很自卑，企业领导就针对她的性格，有意让她多参加对外宣传、演出等活动。

渐渐地，黄某的性格变得开朗活泼起来，在公司的悉心培养之下，她已经成为这家企业的明星人物，见到她的人都亲切地称呼她为"微笑大使"。

因此，热情、周到的服务不仅为黄某迎来了众人的好评，同时也有一些企业用很诱人的工资和待遇想要把她"挖走"。

故事中的黄某是个自律的人，她做好了自己的本职工作，也提高了自身的竞争力。

真正技艺高超的厨师在大秀厨技时会选择家常菜；画技高超的画家用简单的线条，三两笔就勾勒出感动人心的画面。谁说复杂的事物才值得用心？谁说困难的工作才得认真呢？就算是再平凡、再普通的例行公事，也应该尽本分地妥善执行，因为即便是一项简单的小任务，只要能圆满地完成，结果就是100分，谁能说屡屡拿下满分的人不优秀呢？而优秀，就可以为自己创造更多的机会。

所以，无论做什么工作，都要在明确职责的前提下，心无旁骛地把每一项任务尽可能地完成好。不论有没有旁人的监督，我们都应该认真、负责地做好分内事，因为这是一条帮助我们脱离平凡、走向成功的最佳道路。

03 逼着自己比别人快一点儿

只有在工作上时时领先，才能在职业发展的境界中比别人快一步提升。

你是不是总难逃第一个到公司、最后一个下班的命运？别人花半天时间就能完成的任务，你是不是总得花整整一天，甚至两天才能做完？同样的工作内容与工作环境，同事的业绩为什么总是比你要好很多？这时候，你可能会愤愤不平，并且还会怀疑同事做事不够仔细、打马虎眼，其实只是你比别人慢了一步而已。

从今天起，自律一些，逼着自己比别人快一点儿吧。当今世界是一个快节奏的社会，只有更快才有更强的竞争力，如果你落到了人后，那么离被淘汰也就不远了。

如今，每个个体都身处于竞争环境中。一家企业必须在市场上与同行企业竞争，以求生存；一名员工必须与同事竞争，证明自己较优秀，以求得更好的发展。那么，什么样的人能够成为竞争中的大赢家呢？答案是自律的人。懂得自律的人会时刻鞭策自己，加快反应的脚步，凡事

“快”人一步。当你跑在别人前面，想要不被注意都很难。

速度往往是胜负的决胜点。竞赛以快取胜，搏击以快打慢，跆拳道讲究心快、眼快，还有手快。军事上说“先下手为强”，而商场上的大领导们所奉行的哲学早已从“大鱼吃小鱼”演变为“快鱼吃慢鱼”。

竞争的实质，就是在最短的时间内做出最好的东西。人生最大的成功，就是在最短的时间内实现最多的目标。唯有在时间上领先，才有机会在其他部分领先，慢一步的后果就可能与机会擦肩而过。

在竞争的过程中，除了注意自己的速度外，还得注意竞争对手的速度。因为有时候我们慢，不是因为我们不快，而是因为对手更快。在竞技场上，冠军与亚军的区别有时小到肉眼无法判断。比如短跑，第一名与第二名之间有时仅相差不到一秒；又比如赛马，第一匹马与第二匹马之间有时仅仅相差半个马鼻子（几厘米）……

无论是相差 0.01 秒还是几厘米，虽然差之毫厘，但结果却有着天壤之别。众所周知，冠军与亚军所获得的荣誉与财富绝对有明显差距。我们都知道，第二名的实力也算强劲，但现实总是无情的，能被群众记住的往往有是一个人，那就是第一名。所以，一定要时时提醒自己快一点，要不然，你的竞争力就无从谈起。

要想快，还是需要我们自律，做不到自律就只能尝到“落后”的苦果。因为“快”需要的是心无旁骛，需要不断地为自己加把劲儿。对于先天条件不足的“慢行者”而言，更需要有“笨鸟先飞”的自觉意识，而这一切都要靠自律来实现。

然而话说回来，人难免会有惰性，也很容易帮自己找借口。人在督促自己加快速度的过程中都会有想要停下脚步、偷一下懒的念头，这是很正常的事情，当下心里的旁白大多是：“不过就是偷懒一下，应该没有什么关系吧！”当这样的想法入侵大脑时，请提醒自己，日本SONY的创始人盛田昭夫说过：“如果你每天落后别人半步，一年后就是183步，10年后就是十万八千里。”这个数字是不是很惊人？你还觉得偷懒一下也没关系吗？

完成工作比人快一步，职业境界的提升就比人快一步。只要能在自律上领先一步，相信你就能在工作上、人生中步步领先。

04　以高度的自律维持自己的进取心

进取心，能够使人不满足于现状、奋发向上，能够使人坚持不懈地奔向理想和目标。然而，理想最终能否成为现实，最关键的因素还在于这个人的自律精神有多强。

我们正处在一个快速发展、不断变化的时代，昨日的成就不能代表今日和明日的成就，只有怀着强烈的进取心与时俱进、超越自我，才能保持优秀。但是，人与生俱来都有一种惰性，这种惰性会不断侵蚀进取心，如此一来，再强烈的进取心也只能维持一时，难以成为习惯。

要想以高度的自律维持这种能够让自己不断超越自我的进取心，就必须让自己时时谨记；在激烈的竞争中，要么选择进取，要么落得个出局的下场。

不少事业小有成就的人，对于实现目标的渴望已经不像过去那样感到强烈。当奋斗的方向变得模糊，他们多少会产生“刀枪入库，马放南山”之类的思想，那么最终结果只有一个，就是被更有目标、更有进取心的人所淘汰。所以，一个想要成功的人就必须时时自警，让自己保持强烈的进取心，多一分竞争力。

作为美国棒球界历史上最伟大的投手之一，莫德克·布朗的成功经历完美地诠释了进取心和成功之间的关系。

莫德克·布朗从小就立志要成为棒球联盟的投手，可是上帝并没有因此眷顾他。小的时候，他在一家农场做工，右手不慎被机械夹住，导致中指严重受伤，食指的大部分残缺不全。要知道，对于一名投手来说，失去手指意味着要想成为全棒球联盟最好的投手几乎是不可能的。在他受伤之前还有机会去争取，可是在他的右手致残之后，这个梦想似乎变得遥不可及了。

然而，这位少年并不这么想，他没有因此放弃自己的梦想，而是完全接受了不幸的事实，尽自己最大的努力学习如何用剩余的手指来投球。

后来，他有机会成为地方球队的二垒手。有一次，当莫德克从二垒传球到一垒时，教练刚好站在一垒的正后方。当教练看到莫德克传出来的球快速旋转划出完美的曲线，落入一垒手的手套里时，不禁惊叹道："莫德克，你是天才的投手，你的控球能力实在太出色了，投出的高速旋转球任何打击者都会挥棒落空的。"

的确如此，莫德克投出的球，球速之快，角度之刁钻，往往令打击者束手无策。就这样，莫德克将打击者一个个三振出局。他的三振纪录和胜投次数高得惊人，不久便成为美国棒球界的最佳投手之一。

事实上，正是他因受伤而变短的食指和扭曲的中指使球的旋转产生了与众不同的角度和力道。莫德克之所以能够实现自己的梦想，依靠的正是这股积极进取的精神，即便遭遇了重大困难，阻碍了梦想，他也坚持下去，毫不放弃。

由此可见，一名有进取心的人，即使屡遭失败仍然不会放弃努力。成功的大小不是由人生高度来衡量，而是借由我们在一路上所克服的障碍数目来衡量。

对现状的不满足，是促使我们不断追求成功的强大动力。世界上有很多一无所有、一事无成的人，而造成他们一无所有或一事无成的原因，就是太容易满足。期待自己能上进，就绝对不能自满地停留在现有的地位，目标应该定得更高，眼光应该放得更远。

未来的发展可以永无止境，我们可以选择继续前进，或是停滞不动，或是直接放弃，关键在于你能否坚持自律，避免让惰性放大，淹没了自己。那些在事业上取得成功的人，莫不是保持着“努力进取”的信念努力前进的，目标的设定与实现是最好的方法。其中比较积极、有远见者，甚至会在达到某一个目标之前就已经设定好后续许多个不同阶段的目标，从而展现对自我人生的高度掌握性。

在目标实现之后，优秀的人不会耽于安逸，因为他们知道，竞争永不停息，所以人不能安于享乐。正是这样的自警和自律促使他们再度接受挑战，朝着下一个目标迈进，如此周而复始，永远向更远大的目标挺进，全身心投入到追求更优秀的境界中。

这些人永远能够从生活、工作以及获得的成功中感受到由衷的喜悦。他们始终保持着旺盛的斗志和充沛的精力，昂首向前，不管在任何时候都不会丧失热情。对他们而言，“已经达到最终目标”的情况是不存在的，优秀的人无时无刻不在为自己的新目标而不懈努力，并且享受过程、乐在其中。

优秀来自自律而非超能力，人当然会有感觉疲惫的时刻，也可能会想更随便一点地生活，但是自律和自警却能让你再度打起精神。个人的进取心是实现目标不可缺少的要素，进取心会使我们进步，因而给我们带来更多成功的机会。

1948年，牛津大学举办了一场主题为“成功秘诀”的讲座，邀请丘吉尔来演讲。

丘吉尔做手势止住了如雷的掌声，他说：“我的成功秘诀有3个：第一是，决不放弃；第二是，决不、决不放弃；第三是，决不、决不、决不放弃！我的演讲结束了。”说完就头也不回地直接走下了讲台。

经历了整整1分钟的沉寂，全场鸦雀无声，随后观众席上爆发出经久不息的热烈掌声。

这些掌声不仅是对这位伟人的政治家、外交家的尊敬，更是对这位大人物进取精神的一种褒扬。

保持进取心、追求卓越是成功人士永远的信念。这种信念不仅造就了成功的企业和杰出的人才，还促使每一个努力完善自己的人在未来不断地创造奇迹。

每一位成功者都有勇往直前、不达目的誓不罢休的进取心。当一个人具这种进取心，就将如虎添翼、力量倍增，任何困难和挫折都阻挡不了他。凭借进取心，我们敢于面对重重困难，敢于面对各种挑战，更敢于向“不可能”挑战，因为在进取心之下，所有困难与考验都是成功的必修课题，只需面对，无须恐惧。

能坚持不懈做到自律的人，不会仅靠运气来获得成功，他们即使在最艰难的时刻，也会坚持工作，决不会放弃努力，这就是成功的关键所在。

进取心能促使一个人知道自己应该做什么，并且积极主动地去做应该做的事情。进取心与自律的态度相辅相成：有进取欲望的人更容易做到自律，而以自律的态度对待工作的人，相对地，能更长久地让进取心推动自己的工作。

05　别沉溺于过去的成就，不断更新变革

成功没有终点，你必须不断地努力、奋斗，再去努力、奋斗。

有这样一句名言："世界属于知足但永不满足的人们。"是的，一个成功的人很少陶醉在已有的成就之中，而是善于忘掉"过去"，面向未来、勇于变革，从而不断超越自我。

然而，生活中有很多人一旦取得了一点成就，就失去了自律自警的危机意识，满足于现状，习惯于按照上司的安排埋头工作，不想学习，也不对自己的工作进行客观评价和适当改进，认为自己按照上司的指令工作，纵然出现了失误，也不关自己的事。事实上，这是一种极不负责任的行为，时间长了，这种行为就会使人产生惰性，失去创造的活力和新颖的思想。

当杰克·韦尔奇在20世纪80年代初期走马上任时，通用电气正是美国最强大的公司之一，它既没有处于危机的剧痛之中，也没有被不时

折磨大公司的诸多弊病所困扰。

然而，韦尔奇一上任便指出：应该把通用电气公司放在“全球性经济环境”中来思考其未来，要为进入21世纪做好准备。在这里，“全球性经济环境”的一个重要部分指的就是以日本企业为主的竞争。以他当时的话来说，就是“2000年后能否与国外公司竞争，是我们从现在起，每一天都必须考虑的问题”。

韦尔奇进一步指出“在这个越来越小的世界上，胜者和败者的界限日趋分明，在这里，没有‘还过得去’的企业的位置”。他觉察到自己面临的是一个不确定的未来，考虑到这些，韦尔奇担心通用电气的竞争者将因此而变得强大起来，他希望这个公司变得更有竞争力。为了达到这个目标，韦尔奇感到他需要一个流畅的和进取的通用公司，这意味着当时的通用公司将被简化为一个较小的却反应灵活的公司。因此，韦尔奇采取了一系列行动，并取得了辉煌成就，从而成为当今全球经理人的偶像。

通用电气在杰克·韦尔奇上任的时候已经是一家很杰出的公司了，但韦尔奇没有满足，而是在前进中不断找到通用存在的问题，处理了一个又一个棘手的问题，促进了公司的良性发展。

惠普公司原董事长兼首席执行官卢·普拉特说：“过去的辉煌只属于过去，而非将来。”未来学家托夫勒也曾经指出：“生存的第一定律是：没有什么比昨天的成功更加危险了。”葛洛夫也有一句名言，即“唯有忧患意识，才能永远长存”，并说英特尔公司一直战战兢兢，不敢有丝毫懈怠，“让对手永远跟着我们”。张瑞敏“战战兢兢、如履薄冰”的危机意识早已深入海尔每一个员工的内心深处。这种强烈的忧患意识和危机理念赋予这些企业一种创新的紧迫感和敏锐性，使企业始终保持着旺盛的创新能力。

价值是一个变数，今天你可能是一个价值很大的人，但如果你故步自封、满足现状，明天就会贬值，被一个又一个智者和勇者超越。今天你可能做着看似卑微的工作，人们对你不屑一顾，而明天，你可能通过知识的丰富、能力的提高及修养的升华让世人刮目相看。在时代发展一日千里的今天，你只有抱着不断超越平庸、绝不安于现状的心态，不断实现自我从优秀到卓越的跨越，才能不断提升自己，成为职场中的常胜者。

国内一家知名企业的总裁说过，最危险的时候就是你没有发现危险到来的时候。其实，每一个组织以及每一个人都可能随时遭遇类似于“风暴”的不可控制事件，这些事件会毁掉一切，让没有准备的、安于现状的人陷入绝境。

即使没有狂风大浪，你所处的环境也每时每刻都在变化，安于现状只能是一厢情愿的梦想，当你从梦中醒来时，会发现原来所拥有的一切都已经随风而逝。因此，你必须时刻提醒自己要主动变化，在“现状”变化之前就做好准备，如果等“现状”变化了再变化，一切都将为时已晚。

今天的成功仅仅代表着今天，明天必须继续前进。一个人在人生道路上应保持自律，多一分自警的意识，积极地反思自身的行为，努力寻求解决问题之道。

第四章

爱自己是一切自律行为的源头

自爱就是面对自己，与自己进行沟通。

人们通过倾听自己、感受自己、追踪自己，全面认识自己，

从而表达自己、表现自己，有助于更好地提升自己。

而且，只有自爱的人才能真正做到自律。

01 每一个自己都值得被珍重善待

善待自己的人，最懂得珍惜自己的生命，只有懂得保护自己，才能被人保护。

要做到自爱，就要摒弃“人的自我形象要么是积极的，要么是消极的”这个观点。实际上，你具有许多自我形象，而且它们经常在不断变化。如果要你回答：“你喜欢自己吗？”你可能倾向于将所有消极的自我形象汇集起来说“不”。可是，如果你能具体分析自我嫌恶的实质，就可以明确努力的方向。

当然，自爱并非自恋，自爱的人懂得“将心比心”的厚重，自恋的人则只想一味索取而不肯给予。自爱的人懂得生命来之不易，为使自己

在有限的生命里获得无限的充实，他们会挖掘自身的潜能，并为实现自己的目标竭尽全力；自爱的人像爱护自己的生命一样爱护自己的名誉和尊严，他们不会为眼下的利益而卑躬屈膝，更不屑于为实现自己的成功而对他人狂妄自大、蛮横无理；自爱的人在精神上是独立的，他们无须掠夺他人，更不会出卖自己。

要知道，在这个世界上，“我”是独一无二的个体。“我”有自己的幻想、希望、美梦以及恐惧。“我”是自己的主人，因为“我”是自己的主宰，所以“我”能深刻了解自己。由于“我”认识自己，“我”能喜欢自己，接纳自己的一切，进而将自己最好的一面呈现出来。

若没有“我”，“我”的自我将变成一纸空文；若没有“我”，“我”的生命将戛然而止；若没有“我”，“我”的世界将不再存在。尽管在整个宇宙中，“我”不过是沧海一粟，但对于“我”自己，“我”是“我”的全部。为此“我”应该首先珍爱自己，“我”必须善待自己，才对得起造物主的恩赐。

“自爱”对每一个正常人来说是很健康的表现。为了从事工作或达到某种目标，适度关心自己是绝对必要的，因此要想活得健康、成熟，“喜欢你自己，爱你自己”是必要条件之一。

每个人都具有一定的作用，可以在生活中表现出来。这种作用必须依照自己的个性表现出来，而不是模仿他人。明白了这点，才会对自己产生信心。

一个人爱自己的方式有很多，你可以选择从喜欢自己的身体开始。也许你的某些身体特征确实令自己无法喜欢，你不停地羡慕别人，但所有的一切都取决于你对自己的看法，别人的看法只是你用来评价自己的一个参照。最终是肯定自己还是否定自己取决于你自己，而只有得到自己的认同和理解，你才能感到自己是成功的。否则，即使从表象上来看你已取得巨大的成功，但对于你自己来说也是失败的。

生命本身赐予我们巨大的力量，鼓励我们去从事伟大的事业，而这种力量潜伏在我们的脑海里，使每个人都具有梦想，能够精神不灭、万古流芳。如果你不能尽到对自己人生的职责，在最有力量、最可能成功的时候不把自己的能量释放出来，那么对这个世界来说也是一种损失。记住，这个世界远远没有发展到尽头，有许多奇迹正期待着人们去完成。

对于自我形象，你也可以做出同样的选择。如在智力方面，你可以按照自己制定的标准来判断自己是否聪明。事实上，你越让自己保持愉快，也就越聪明。你在数学、英语或者写作方面水平较差，这并不说明你智力不高，只不过是你到目前为止选择的一种结果，如果你多花些时间加以训练，一定可以大大提高自己的水平，因此这与你聪明与否并无直接联系。

有些人可能会认为，自爱行为是一种无异于极端利己主义的令人反感的行为，这实在是一种极大的误解，自爱与那种到处夸耀自己多么了不起的行为毫无共同之处。后者并不是一种自爱行为，而是企图靠自吹自擂来赢得他人的注意和赞许，它与自我轻蔑行为一样，都是病态行为。自负行为的目的在于赢得他人的赞许，采取这些做法的人，是根据别人对他们的看法来评价自己的。如若不然，他们便没有必要靠自吹自擂来说服别人。自爱则意味着你爱你自己，并不要求别人爱你，因而也没有必要说服别人。只要你接受自己便足矣，自爱与别人对你的看法毫不相干。

相信你自己的思想、你内心深处所确定的东西，众人也会承认。无论身居祸福，均应自我主宰。蕴藏于人身上的潜力是无穷的，你能胜任什么事情，别人无从知晓，若不动手尝试，你对自己的力量将永无所知。

活着就必须付出代价。活着就是一种责任，最重要的是要有爱，爱自己、爱他人，这才是生命的意义。学会爱自己的第一步，是不再用别人的标准来评判自己，是建立起自己的一套价值标准，然后把它作为工作、生活的依据，最终通过自律来实现。

其实，心灵的力量是很容易培养的，因为人的心灵是很单纯的，唯一的要求是要相信你自己、肯定你自己，相信你自己是个好人，勤奋、努力、认真、节俭，肯定自己的大方、仁慈、善良……但是，要别人相信自己的最大困难，就是人永远喜欢拿自己与别人比较：我不够好，因为别人比我更好；我不够仁慈，因为有人比我更仁慈；我不够漂亮，因为……为此，我们可以通过以下做法帮助自己喜欢自己。

第一，跳出“与别人比较”的模式，而成为与“自己比较”的独立的自我。做到这点很不容易，因为我们从小到大所受的教育与社会影响多半是与别人比较，我们已经养成了习惯，但习惯是可以改变的，凡事开头难，最好找一个好朋友一起做，彼此鼓励、彼此切磋与支持。

第二，写下你所有的优点。有的人在写自己的优点时觉得很困难，但要他们写缺点时却又快又好，所以请你花一点儿时间想想自己的优点，若想不出来，就问朋友或家人，有时候反而是别人知道我们的优点比我们自己知道得多。

第三，每天记下自己所做的事，在好事、好的表现，如“努力”“认真”“勤劳”等上面打一个记号，在需要改进的事及欠缺的方面，如“骄傲”“懒惰”等上面打一个记号，晚上做一个总记录，做完记录之后，好好地欣赏与肯定自己所做的好事，对需要改进的事则告诉自己说：今天我有些自私，明天我会改进，做得更好些。要谢谢今天所发生的一切人、事、物，感谢它们使你获得学习、改进和成长的机会。

第四，学会多欣赏别人的优点，包容别人的缺点。金无足赤，人无完人，不要以完美来要求别人、折磨自己，谁都有自己可取的一面和不足的一面，要做到宽人律己，多看别人的优点，包容别人的缺点。

当你真正学会自我珍爱，就会因自身充实而获得内心的平静，从而走入“不以物喜，不以己悲”的自由和谐的境界。

02 自爱，就要对诱惑说“不”

诱惑无极限，它能让人疯狂。想培养自己的自制力，就要时时刻刻经得住诱惑。

在我们的日常生活中，诱惑可以说无处不在，每个诱惑都带着耀眼的光芒，让人朝着那片光亮奋不顾身。诱惑有时候像毒草一样能够侵占人的心，遮住人的眼睛，让人迷失方向。所谓的诱惑是那些能改变人的心智，并最终把人带上颓废之路的东西。譬如，钱就是一个诱惑，在这个诱惑面前行动不同，结果也会不一样。比如一个人喜欢钱，钱也在诱惑他，但是他想通过努力和正确的途径去得到它。而有的人却选择了所谓的捷径，比如偷盗、贪污、招摇撞骗等。这些人在诱惑面前没有自制力，经不住诱惑走了偏路，结果可想而知。

当我们面对诱惑时，最强有力的支持来自于自己的心灵深处，强而有力的自律能力是我们抵抗诱惑的力量源泉。但如果一个人自制力不强，在面对诱惑时没能做出正确的选择，那么诱惑立刻就会变成青面獠牙的魔鬼，把你打入失败的地狱。可以说，自制力是我们成功的必要条件。只有经得住诱惑，自律自爱，才会朝着一个既定的目标勇往直前。在确定目标后，最好每天记录下为达到目标所做的事情，一旦发现所做的跟目标没有任何关系时一定及时纠正。

小城中最大的一家外商独资企业招聘一名技术人员的消息不胫而走：月工资 8000 元，工资奖金除外，每年还可以到大洋彼岸旅游一次。应聘者蜂拥而至。

阳光炽热，树上的叶子蔫头耷脑，高工坐在闷罐似的考场里，蒸腾的暑气加上烦躁的心情使他热汗淋漓。面对考题他并不怕，外文、专业技术类考题都答得十分圆满，唯有第二张考卷的两道怪题令他头疼："您所在的企业或曾任职过的企业经营成功的诀窍是什么？技术秘密是什么？"

这类题对于曾在企业从事过技术工作的应考者并不难，可高工手中的笔却始终高悬着，捏来攥去，迟迟落不下去，多年的职业道德在约束着他：厂里的数百名职工还在惨淡经营，我怎能为了自己的饭碗而砸了大家的饭碗呢？他心中翻江倒海，最终毅然挥笔在考卷上写下 4 个大字："无可奉告。"高工拖着沉重的步子向家里移动着，进门后，妻子一再追问，他才道出了答题的苦衷，全家人默默无语。

正当高工连日奔波、另谋职业之际，石破天惊，外商独资企业发来了录用通知。高工技压群雄，白卷夺冠，这成为小城的一大新闻。

可见，只有强而有力的自制力才能保障我们不迷失自我，为我们到达成功的彼岸护航。自制力强的人能理智地控制自己的欲望，以独有的方式去满足那些社会要求和个人身心发展所必需的欲望，对不正当的欲望坚决予以抛弃。

某报告文学中曾有过这样一段描述：

杨乐到了北大数学系后，学习更努力了，他和张广厚每天学习演算12小时，没有过过星期天，也没有过过节假日。“香山的红叶红了”，让它红吧，我们要演算题。“中山公园的菊花展览漂亮极了”，让它漂亮吧，我们要学习。“十三陵发现了地下宫殿”，真不错，可是得占用半天时间，割爱吧。“给你一张国际足球比赛的入场券”，真是机会难得，怎么办？牺牲了吧，还是看我们案头上的数学竞赛题吧！

杨乐与张广厚在强烈的学好数学的事业心的召唤下，一次次克制了游玩的冲动，这为他们在数学领域获得重大成就创造了条件，这正好印证了萧伯纳的一句话：“自我控制是强者的本能。”如果你想成为学习、工作或者生活上的强者，那么就得学会自我控制，坚决抵制各种不良诱惑。

当今社会，物质条件优越，身边充满了各种各样吸引我们的东西，如电视、电影、游戏机、各种动画、玩具，如果我们不能正确地对待学习和玩耍的关系，必然会严重影响学习，甚至会犯下更为严重的错误。

人之所以会抵制不住诱惑，主要是对诱惑盲目无知或认识不足。诱惑的出现总是带着神奇色彩，人们常常看到其有利的一面而不知其有害的一面，结果因为好奇而不知不觉受到诱惑。

然而，不管是怎样的诱惑，总是可以抵制和预防的。

首先，应当提高识别能力，增强自己的“免疫力”，在诱惑面前要能把握事物的优劣主次，分清哪些是自己通过努力能够达到的、哪些是自己即使努力也不会达到的。特别是当有诱惑力的事物遭人反对时，更应该多听听、多看看，冷静地思考一番再决定取舍。在诱惑面前，人的意志力相对薄弱，容易做出错误的判断，所以多听听别人的意见，对于冷静自己的头脑非常有益。

其次，要加强自己的意志锻炼。许多人抵制不住诱惑的一个重要原因就是缺乏自控能力。怎样增强自己的意志力呢？

被诱惑所侵袭往往是由于自己某些不健康的心理在作怪，如果一个人能有高尚的志趣，怎么会被诱惑侵袭呢？最好的办法就是多看一些健康书籍，从思想上武装自己。

要想成为思想高尚的人，首先要有明确的目标，知道究竟是为了什么在奋斗。目标明确就不会轻易受到各种干扰，从而迷失自己。

当今社会是一个纷杂的社会，三教九流无所不有，各种低级趣味的存在消磨了很多人的斗志。赌博、毒品、色情等如同鬼魅的眼睛在盯着那些意识薄弱、精神空虚又没有高尚情怀的人，一旦不小心涉足了便很难脱身。

因此，所有涉及这些低级趣味的地方一概不要进入。这些诱惑都是毒药，只能让人沉沦。一个具有正确人生观、崇高思想和丰富精神生活的人，才能有效地抵制各种不良诱惑。

抵制诱惑，还可以断绝对自己不利的坏朋友，我们应该经常看一些警钟长鸣性的电视和新闻，让自己时刻保持警惕。诱惑都是悄然而至的，不会带着标志前来，所以一定要培养自己的判断力和自制力。

自制力是一种克制或节制，自我约束是一种美德，是文明战胜野蛮、理智战胜情感、智慧战胜愚昧的表现。如果我们没有自我控制的能力，就会缺乏忍耐精神，既不能管理自己，也不能驾驭别人。

当然，我们面对的诱惑有强有弱，有的对于我们来说本来就不算是诱惑。当你走进网吧时，努力使自己退出来，你的自制力便增强了一分；当同学让你一起打球而你另有安排时，果断地拒绝，你的自制力又增强了一分；你喜欢看电视，那么就努力坚持让自己一个月不看电视，这样你的自制力就又增强了一分。久而久之，虽然会有痛苦、反复，但你的自制力已在不知不觉中养成了。

03 年轻时的随心所欲，会慢慢拖垮你

在种种诱惑面前，人要有足够的约束能力。当你能很好地控制、约束自己的时候，你就进步了，也将拥有成功的人生。

我们在生活和工作中日积月累所养成的习惯、惰性之所以没有成为我们的主宰，反而被我们所制伏，正是因为我们懂得自我约束与自制。换句话说，具备这种能够抵制、克服各种诱惑的能力，正是具有坚强意志力的最佳体现。

确实，自制可以使我们在做任何事情时都能保持正确的方向、良好的动机，并且运行在理想的轨道上。倘若将自制力发挥于运动竞技场上，它仍旧是争取胜利的关键。如果你对足球稍有研究，就应该知道德国足球队在世界赛场上屡创佳绩，并以顽强的风格闻名于世。众所周知，无

论处于多么恶劣的境况下，德国足球队都会拼搏到最后一分钟。

德国足球的成功固然与球队训练有素有着密切的关系，但最重要的一点是因为球员们都拥有良好的自制力。在贯彻教练意图、完成自己所担负的任务方面，他们没有一丝一毫的放任，总是忠于自己的职责。曾经有人说过德国队不懂足球艺术，表现死板、不够灵活，但事实胜于雄辩，作为职业球员，他们表现出神奇的自制力，并且用成绩证明了自己是优秀的。

文思·隆巴第是美国橄榄球史上一位了不起的教练，在他精心的调教下，美国绿湾橄榄球队取得了令人难以置信的成绩。

文思·隆巴第告诉他的球员："我只要求一件事，那就是一定要取得比赛的胜利。如果不把目标定在非赢不可上，那比赛就没有丝毫的意义。你们要跟我一起工作，除了照顾好你们自己、你们的家庭和球队之外，你们必须克制自己，摒弃及抗拒其他的一切诱惑。"

不仅如此，他还告诫球员，除了控制好自己，比赛时还要不顾一切地去得分，不必理会任何人的阻拦。无论面前是一辆战车还是一堵墙，无论对方有多勇猛，你都不能止步不前，也不能让这些阻挡你得分。

正是这种高度的自制力，才使绿湾橄榄球队的队员拥有了人人称奇的顽强战斗力。在比赛中，队员们克制了一切私心杂念，在他们的眼中只有胜利。为了夺取胜利，他们暂时抛下一切，奋勇向前。每个人都希望自己在别人眼中看来是优秀的。如果优秀是我们的目标，那么我们就不能随心所欲、感情用事，必须对自己的言行有所克制，这样才能减少自己犯错的概率，不致铸成大错。

高尔基曾经说过:“哪怕是对自己的一点儿小的克制，也会使人变得强而有力。”

要主宰自己并主宰自己的命运，必须对自己有所约束、有所克制。如果缺乏自制力，就像是汽车缺少了方向盘和刹车，很难避免犯规、闯祸，甚至会发生撞车、翻车等意外。想要避免意外的发生，最基本的做法就是培养自制力。

是的，人要学会控制自己，不要放任自己，更不该使自己迷失于懒惰和贪玩之中。自我约束就等同于自我提升，任何一个人自到了成年，就得为自己做决定、为自己负责，如果还学不会控制自己，将来有一天，只怕会置自己于自掘的坟墓中，无力推开堵住坟墓出口的岩石。因此，从现在开始，你必须行动起来，好好学习，确定自己人生道路的方向。这样，你才能让生活安定，不再像秋风中的落叶一样飘忽不定，过着漂泊的日子。

大部分年轻人喜欢随心所欲，凭一时的兴趣行事，然而我们能享受到的生活乐趣和所拥有的成就都源于因自制而做出的调整与转变。如果你能够趁着年轻力壮、精力充沛的时候学会自制，并让自制伴随你的整个人生，那么幸福、愉快和欣慰将会一直陪伴你左右。

04　别把信用当做一件小事儿

诚信是人的立足之本。良好的信誉能为你的人格加码，若丢了信誉，就等于将自己推入孤立的边缘。

“人言”为“信”。讲诚信是一个人的立足之本，是一个优秀的人应该具备的高贵品质，也是我们始终应该遵循的做事准则。因为有了诚信可以依托，人与人之间才会存在友谊并进行交往，在事业上才会有信誉和商誉，才会获得成功。

那些没有信用的人就好比墙上的芦笋，终究站不住脚跟。而一个有信用的人，不论他处在什么环境下，别人都会格外信任他。这样，他在无形之中就为自己积累了一笔巨大的财富。因此，有了讲究诚信的声誉，就如同穿上漂亮整洁的新外衣能美化你的外表一样，会在无形中增加你的人格魅力，也能推进你的事业获得更大的发展。

古人说得好：“说话重在信，办事重在实；为政重在廉，做人重在诚。”由此可见，在古人的眼里，诚信比一切智谋更有力量，甚至可以说诚信是智谋的基本条件。无论是什么原因，只要失去了诚信，就失去了人们对你最基本的信任，最后害的其实是你自己，这就是一种不自爱的体现。

有首诗曾写道：“行经万里身犹健，历尽千难胆未寒，可有尘瑕须拂拭，敞开心扉给人看。”人可欺，心不可欺；心可欺，天不可欺；一事可欺，万事不可欺。因此古人说，做人要“仰不愧天，俯不愧人，内不愧心”。诚信，是一种品质、一种道德，也是安身立命的根基。

“生来一诺比黄金，哪肯风尘负此心？”诚信的人，往往是最值得别人信赖和依托的人，也是最有希望成就事业的人。如果一个人凭着自己良好的品行能让人在心里认可你、信任你，那么你就有了一项获得成功的资本。

言不在多，有诚则灵。诚信也是所有企业和个人最大的无形资产。人们为什么愿意把钱存在银行里？因为银行是以诚信为本的；人们买贵重的东西为什么愿意去大型商场和名店？因为那里的商品最信得过；人们看病为什么愿意找名医、名院？因为觉得名医、名院最可信。在人际交往中，诚信的人朋友多，因为他们讲诚信，人们便信任他们，甚至依赖他们；相反，那些言而无信的人，要么没朋友，要么就是奸朋狗党，他们之间只有利益，没有友谊。

“言多变则不信，令频改则难从。”言不可轻说，若随意而说，不如不说；言不可轻诺，若不应诺而行，不如不诺。山以高为奇，海以大为观；商以誉为贵，人以诚为美。诚信与失信常常是检验一个人品质的试金石，可以通过他讲不讲信用、说话算不算数，来看一个人可不可交、可不可信、可不可用。诚信的人不仅会有好人缘，还会有好前途，而不守信的人既遭人唾弃，也会一事无成。在美国，诚信就是荣誉，就是财富，就是前途，商人的一次失信，如偷税漏税、贷款到期不还等，就等于给自己宣判了“死刑”，他们“不守信”的帽子就要戴到终生，以后也别想到银行借贷，别人也不会与他们再进行经济交往。有人曾说：“在美国，没钱可以活下去，但没了诚信就活不下去了。”我国古代也有很多重诚信之人。

秦末有个叫季布的人，一向说话算数，信誉非常高，许多人都同他建立起深厚的友情。当时甚至流传着这样的谚语："得黄金百斤，不如得季布一诺。"后来，他得罪了汉高祖刘邦，被悬赏捉拿，结果他昔日的朋友不仅不被重金所惑，而且冒着灭九族的危险来保护他，终使他免遭祸殃。

失信的人，常常是那些品格低下、可悲的人，他们不尊重别人，也不尊重自己，只看眼前，不顾长远；只顾一点，而忘全局，最终被别人抛弃，被事业抛弃，也会被自己抛弃。

一个人要想赢得他人的信任，一定要下极大的决心，花费大量的时间，不断努力才能做到。

很多人能获得成功，靠的就是获得他人的信任，然而直到今天，仍然有许多商人对于获得他人的信任一事漫不经心、不以为然，不肯在这方面花些心血和精力。这种人肯定不会长久地发达，可能用不了多久就要失败。你应该随时随地地去增强你的信用。一个人要想增强自己的信用，并非心里想着就能实现，一定要有坚强的决心，以努力奋斗去实现。只有实际的行动才能实现你的志愿，也只有实际的行动才能使你有所成就。也就是说，要获得人们的信任，除了人格方面的基础外，还需要实际的行动。任何一个青年人在刚迈入社会做事时，绝对不会立即得到别人的信任，他必须发挥出所有力量来，在事业上获得发展并有所成就，然后他优良的品行、美好的人格才会被别人所发现，才会使人对他产生信任，他也必定能走上成功之路。社会交往中，人们最关注的不是成功者的生意是否兴隆、进财是否多，而是成功者是否还在不断进步、他的品格是否端正、他的习惯是否良好以及他的奋斗过程。

要获得他人的信任，除了要有正直诚实、自尊自重、自律自爱的品格外，还要有敏捷、正确的做事习惯。即使是一个资本雄厚的人，如果做事优柔寡断、头脑不清，缺乏敏捷的手腕和果断的决策能力，那么他的资本也会因信用的降低而难以维持。

通过一个人的作为可以看出其做事能力，通过其言谈可以察知品德修养。世上“只有真理才能说服人，只有真话才能赢得人，只有真情才能打动人”。讲诚信，就是最好的自爱。所以，像珍爱生命一样珍惜你的声誉吧，只要你还活在这个世上，那么唯有诚信才能确保你的美德和荣誉不受玷污。维护自己的美德和荣誉不仅是你的职责，而且能助你成功，推动个人发展。

第五章
高度自律，必有强大的内心力量

一个人若对自己、对生活没有想法，缺乏觉悟能力，那他的内心就不会有力量。
如果他不思进取，就极易被打倒，更不要谈什么自律了。
我们常说“一个人最大的敌人不是别人，而是自己”，
说的就是一个人的内心力量，这是一个人成长最根本的动力。
这就要求你努力培养自律精神，不断提高自己的觉悟能力。

01 对自己的投资，就是最好的投资

财富，不能仅仅拿物质的多少来衡量，更重要的是要看一个人是否拥有足够的胆识、才智，以及是否健康、快乐……

生活中，有的人拥有令人羡慕的一切，却成天愁眉苦脸、牢骚满腹，好像自己是天底下最不幸的人；而有的人虽然几乎一无所有，却成天乐呵呵的，仿佛拥有令人艳羡的一切。所以说，幸与不幸，不是看你拥有多少，而是你内心的一种觉悟。它是一种感受，就像你感到幸福，你就是幸福的一样。

诚然，不是每个人生来就是百万富翁，生来就能才智过人，也不是每个人生来就有美好的家庭。可不论出身如何、资质如何，只有通过自

身的奋斗去赢得成功、赚取财富，才是真正的智慧，才是真正的成功。而我们自身就是一笔财富，我们自身的努力和智慧才是成功的支点，所以我们必须把握好自己，充满自信、自律自爱、自警自觉地去发挥自己的长处和优势，唯有这样才能更好地成就自己的事业。

一天，有一位叫胡里奥的人在河边散步，遇见了一位叫费列姆的年轻人。胡里奥见年轻人满面愁容、忧心忡忡，便关切地上前询问："忧郁的年轻人，看你这么健康、这么年轻，为何如此闷闷不乐呢？

费列姆看着好心的胡里奥，无奈地叹着气说："尊敬的先生，你看看我吧，我是一个名副其实的穷光蛋。我没有房子，没有钱，也没有工作，整天饥一顿饱一顿地度日。像我这样一无所有的人，甚至连一个遮风避雨的地方都没有。没有人瞧得起我，我怎么能不忧愁呢？怎么高兴得起来呢？"

听完年轻人的话，胡里奥开怀大笑起来。费列姆疑惑地看着胡里奥，问道："我都这个样子了，你还笑，是笑我真的没有用吗？"

"傻孩子，"胡里奥笑道，"其实，你应该开怀大笑才对。"

"开怀大笑？为什么？"费列姆不解地问。

"因为照我看，你是个百万富翁呢！"

"你在取笑我吧？"费列姆看着自己身上的破衣烂衫说，"我身上可是连一个子儿也没有啊，你就别拿我这个穷光蛋开心了。"费列姆不高兴了，转身欲走。

"我怎会拿你寻开心呢？孩子，现在你能回答我几个问题吗？"

"什么问题？"费列姆有点儿好奇。

"很简单的几个问题。"

“只要不是拿我寻开心就行。”

“好的，”胡里奥说，“我问你，假如现在我出20万金币买走你的健康，你愿意吗？”

“不愿意。”费列姆摇摇头。

“好，我再问你，假如现在我出20万金币买走你的青春，让你从现在起变成一个小老头儿，你愿不愿意？”

“当然不愿意！”费列姆干脆地回答道。

“好，我再问你，假如我现在出20万金币买走你英俊的相貌，让你从此变成一个丑八怪，你可愿意？”

“不愿意！当然不愿意！”费列姆的头摇得像个拨浪鼓。

“假如我再出20万金币买走你的智慧，让你从此浑浑噩噩，你可愿意？”

“傻瓜才愿意！”费列姆一扭头，又想走开。

“别慌，请回答完我最后一个问题，假如现在我再出20万金币，让你去杀人放火，让你从此失去良心，你可愿意？”

“天哪！干这种缺德事，魔鬼才愿意！”费列姆大惊失色地回答道。

“好了，刚才我已经开价100万金币了，却买不走你身上的任何东西，你说你不是百万富翁，又是什么呢？”胡里奥意味深长地微笑着说。

费列姆这才恍然大悟，他意识到，自己并非一无所有，他有他自己，他自己的生命就是他的资本，他只是暂时缺少钱，除此之外什么都不缺。而有了自己身上的一切，钱是可以赚来的。他相信这一切都是暂时的，都是可以改变的。自此，他不再叹息、不再怨天尤人，变得自信起来，开始了他的新生活。

哪怕我们一无所有，只要我们还活着，就可以从头再来。我们要坚信可以凭借自身的实力来获得财富，改变自己的命运。

如果你能够成功地摆脱“对自身能力的怀疑”，如果你一个人在做事时充满了自主性，就能凭自己的勇敢和自信赢得别人的信任和喜爱，那么不管遇到任何困难，你都一定能克服，并最终获取成功。

不要抱怨自己一无所有、技不如人、生不逢时，哪怕你孑然一身，都可以从头再来，因为你自身就是一笔宝贵的财富，因为成功的种子就在自己手中。

一个人思想格局的大小决定我们成就的大小，这其中最重要的就是要相信自己，克服人类最大的弱点——自贬。一个人的自我观念就是他人格的核心，你自己认为是怎么样的人，你就真的会成为怎么样的人。

相信自己，你一定能行。你的最大资产就是自己，对你自己投资是你所能做到的最好的投资。你不比任何一个人差。要知道，你来到这个世上就是为了在你的人生中取得成功，对这一点，你不能有半点儿怀疑。

02 别让自我设限阻碍了成长

要成事，就要勇于创新、挑战自己，从而战胜自己。而要做到这些，就不能给自我设限。

在人生的道路上，谁都有遇到苦难和挫折的时候，可你怎么能以此就否定自己呢？你怎么知道自己不行？怎么就知道自己不是干什么的料呢？这又是谁告诉你的呢？

是的，这一切都是你告诉自己的。

我们常常在自己生活的周围筑起界限。要么生活在别人强加的局限里，要么生活在自己强加的局限里。很多人给自己套上套子，认为自己反应迟钝，缺乏别人拥有的潜能和精力，一生也不会超过父母，自己给自己设下这些限制。

生活中处处有墙有门、处处有锁，但为了安全而设的有形之锁并不可怕，最可怕的是心里的那把无形锁，它能锁住我们的智慧，将我们的想象力扼杀掉，从而形成心灵的桎梏。

有一位很有名气的逃脱大师被邀请到一个小镇去表演，演出非常成功，台下所有观众都被他精彩的表演吸引住了。等演出全部结束以后，小镇的居民意犹未尽，于是给他出了一个节目，大师欣然答应。

小镇上的居民拿来了一个铁皮制成的大箱子，只有一扇门，里面锁了一把锁。箱子顶上有个洞，刚好够一个人进出。居民要大师从上面的洞钻进去，然后打开锁，从那个铁箱子里走出来。

大师先认真地观察了那把锁，那是把极其普通的锁，比他以往任何时候对付过的锁都要简单得多。他自信地笑了笑，钻进了箱子，准备开始他精彩的表演。

大师先用了一些他最常用的方法试图把那把锁打开，但未能奏效，接着又试了另一种方法，但锁似乎有意跟他作对，依然纹丝不动。大师只好静下心来，换了一个又一个方法试着将那把锁打开。

过了好一会儿，箱子还是没有动静，大师的方法已经差不多用尽了，绝招也试过了，还是不行，急得他额头上都出汗了，手也开始发抖了："见鬼，怎么还是没打开！"大师一下子瘫倒在地上，无可奈何地望着那把锁。

这时，他的脚刚好碰到了铁箱子的门，"吱"的一声，那扇门竟然开了，一束亮光射了进来。原来，这扇门根本就没有上锁，这是小镇上的居民和他开的一个善意的玩笑。

现实生活中，很多人心里都有一把锁，而实际上，有的事情并没有我们想象得那么复杂，就如同那扇门，只要轻轻一推，门就会开。

很多时候，锁都是自己安上去的，有时你明明知道那是把会困住自己的锁，可还是会选择把它安上去。正是这把锁，才使得我们因循守旧、不敢创新，难以挑战自我，结果往往是一事无成。

你打算什么时候实现梦想呢？你在等什么？还有什么没准备好？你在等待别人的帮助还是等待时机成熟？取得成功的障碍大多是由我们自己在心理上设置的，只有战胜自我才能取得成功。

有个农夫展出一个形同水瓶的南瓜，参观的人见了都啧啧称奇，追问是用什么方法种的，农夫解释说："当南瓜如拇指般大小的时候，我便用水瓶罩着它，一旦它把瓶口的空间占满，便停止生长了。"

人也是这样，许多人的潜能都被压抑了，许多生命中应有的光芒都是因为我们自我设限、自行掩盖，最终使得它们消失了，许多应有的成功也是因为我们自行否定和打击而胎死腹中。

自我设限，就是把自己关在心中的樊笼里，就像水瓶罩住的南瓜一样，自己放弃了成长的机会，成长自然受限。

有这样一位男士，他在与妻子的相处中存在许多问题，妻子经常抱怨他自私、不负责任，从来都没有关心过她。有人问他："为什么你不好好跟妻子沟通？"他回答："我的本性就是这样。没办法，我就是一个大男人。"这位男士对他行为的解释是他的自我定义，这源自过去他一直如此，其实他是在说："我在这方面已经定型了，我要继续成为长久以来的那个样子。"人生若保持这种态度，就等于扼杀了所有可以改变的机会，从而给自己留下永远无法改变的问题。

确定自己是何种人——"我一向都是这样，这就是我的本性。"这种态度会加强你的惰性，阻碍成长，因为我们容易把"自我描述"当做自己不求改变的辩护理由。更重要的是，它能让你固守一个荒谬的观念：如果做不好，就不要做。

一旦你确定了自我是什么样的人，就等于否认了自我。当一个人遵守标签上的自我定义时，自我就不存在了，他们不去向这些借口及其背后的自毁性想法挑战，却只是接受它们，承认自己一直是如此，终将导致自毁。

一个人，描述自己比改变自己容易多了。无论什么时候你要逃避某些事情或者掩饰人格上的缺陷，总可以用“我一直这样”来为自己辩解。事实上，这些定义用了多次以后，经由心智进入潜意识，你便开始相信自己就是这样，到那个时候，你似乎定了型，以后的日子好像注定就是这个样子了。因此，无论何时，一旦你脑海中出现那些“逃避”的用语，应该马上大声纠正自己。

（1）把“那就是我”改成“那是以前的我”。

（2）把“我没办法”改成“如果我努力，我就能改变”。

（3）把“那是我的本性”改成“那是我以前的本性”。

任何妨碍成长的“我怎样怎样”均可改为“我选择怎样怎样”。不要自我设限，要做一个“困兽”，冲出自制的樊笼，做一个真正的自我，发挥自己的潜能，才会成为真正的自己。

虽然我们不能左右风的方向，但我们可以调整风帆——选择我们的态度。一旦我们选择了看重自己、珍惜自己、改变自己的态度，那些妄自菲薄的话，那些消磨意志、退化信心和自暴自弃的想法就会消失殆尽，取而代之的是心灵的复活、思维和行为方式的积极改变、信心的增强，从而以“我能，而且我会”的心态来面对一切。

03 通过自律唤醒无限能量

每个人心中都酣睡着一个巨人，只有通过自律，才能够唤醒他。当然，这需要有顽强的意志和坚定的恒心才能做得到。

每个人身上其实都蕴含着无限能量，关键看你能否运用自律意识去挖掘属于自己的潜能，唤醒内心的那个巨人。潜能挖掘的深度对于我们的优秀程度和职位的高度有着决定性的影响。也就是说，潜能挖掘得越深、激发得越多，你就会越优秀，成功的概率也就越高。

杰瑞·莱斯被公认为是美式足球前卫接球员的最佳代表，他的球场表现是最佳明证。

熟悉他的人说他是个天生的运动员，他的天赋及体能惊人，而且罕见，任何一位足球教练都想找到这样天赋优异的前锋球员。

获选进入美式足球名人榜的明星教练比尔·华西发出这样的赞叹："在我所认识的人当中，没有一个能赶得上他的体能。"单是这一点还不能使他成为传奇性的人物，在他卓越成就的背后有一个真正的原因，就是他的自律能力。他勤练身体，每一天都在为攀越更高境界而准备自己，在职业足球界没有人像他这样有自制力。

莱斯自我鞭策的能力可以从他参加体能训练的故事说起。当他还在高中校队的时候，每次练习之前，摩尔高中球队教练查尔斯·戴维斯都规定球员以蛙跳的方式弹跳攀越一座40码高的山丘，来回20趟后才能休息。在密西西比炎热而潮湿的天气下，莱斯在完成第 11 趟之后就感到吃不消了而打算放弃。当他打算偷偷地回球员休息室时，突然意识到自己的行为是不可取的。“不可以放弃，”他对自己说，“因为一旦养成半途而废的习性，你就会把它视为正常。”于是，他掉过头来，回到练习场上继续完成自己的弹跳。从那天起，他就再也没有半途而废过。

成为职业球员之后，莱斯又以攀越另一座山丘而闻名。这是一处位于加利福尼亚州圣卡洛斯的野外山径，全长约 2.5 里，莱斯每天在此锻炼体能。有一些足球明星偶尔也来参加练习，但是没有一个人能够追得上他，全被他远远抛在后头，人人对他的体力赞不绝口。其实这只是莱斯固定锻炼的一部分而已。当球季结束之后，其他的球员都去钓鱼或享受假期，莱斯却仍旧保持勤练的作息规律，每天从早晨 7 点钟开始做体能训练，直到中午。曾有人开玩笑说：“他的身体锻炼到高度完美的状况，连功夫明星跟他比起来都只像是个相扑选手。”

许多人所不了解的是，莱斯总把足球赛季看成是一年 365 天的挑战。美国职业足球联盟明星凯文·史密斯这样描述他：“他的确天赋过人，然而他的努力更是超越于他人之上，这正是好球员与传奇性球员的分野。”

杰瑞·莱斯证明了自律所具有的强大力量，没有人可以在缺少它的情况下获得并保持成功。我们甚至可以说，无论一个人有多么过人的天赋，若不保持自律，就绝不可能把自己的潜能发挥到极致。

要挖掘自身潜能，必须做到以下两点：一是发挥自律，不断学习，好让自己走向完美；二是虚心听取别人的意见，加强自我管理。

学习的目的之一，无非是希望获得新的技能和知识。大家应该都很清楚，这将会是辅助我们迈向优秀的重要资产。谈到学习，多数人的第一个想法或做法不外乎是进修。进修的确是相当有用的方式，同时也是具有行动力的表现，但光有行动力显然还不够，还需要持续力来帮忙。

学习最害怕的就是半途而废。很多人可能都有这样的经验：下定决心好好运动，在健身中心缴了一年的会费，结果除了前两个礼拜很勤奋之外，接下来往往有诸多“不可预期”的意外会发生在你预备要去健身中心的那一天。在学习路上做了逃兵，不仅前功尽弃十分可惜，而且除了资源的浪费之外，还会给你留下负面记忆，阻碍你以后的学习，这才是最大的损失。该如何避免这种情况呢？唯有通过自律，自律让人自制，杜绝一切可能中断学习的诱惑，让个人发展更具未来性。

在这个世界上，有一些客观存在的规则值得我们去遵循，或许在某些人眼里，有的规则是因循守旧、不合时宜，这很可能是因为这些人对其缺乏了解，不明白其中真谛。毕竟，能经过历史考验、历久弥新的金科玉律必定有相当程度的参考价值，应该能帮助我们学会如何通过自律来提升学习效果。

挖掘自身潜能的另一要点是虚心听取别人的意见。

在社会上求生存，免不了会遭到上司、同事公开或私下的批评。不可否认的是，批评总是令人难受，甚至令人难堪的，由此便产生了一个重要问题，那就是如何接受批评。既然批评是免不了的，那么我们就应该培养足够的胸襟，容许不同声音的存在。往好处想、倾听不同的声音是纠正自己错误的最好方法，这也是自律、自我管理的一种体现。

对自己有信心的人多半会认为自己的想法很高明，自己的计划万无一失。自信是好事，但自信过了头，变成自大可就不好了。无论什么人都可能在匆忙之中做出错误的决定，这时不同的声音就如同久旱之后的甘霖一样宝贵。倘若能把自我管理放在首位，试着听听不同的声音，或许能避免严重的失误。

在接受批评时，可以针对以下 3 个要点加以斟酌：内容是否符合事实？方向是否正确？受评者与评论者之间的关系如何？对于那些恰如其分的批评意见，我们应该欣然接受，同时记得提醒自己，别人批评我们，并不代表在别人眼中自己是个一无是处的人。既然对方的意见是正确的，就没有理由逃避，甚至应该请对方提供更多的意见，这样方能更为有效地改正缺失。当然，忠言大多逆耳，这时更应该运用智慧，忽略那些听起来或许尖刻的言语，只听取言语中有价值的信息，如此方能更坦然地面对、处理他人的批评，并从中受益。

有时候批评者与我们关系并不密切，很可能不是很了解我们的状况，这样的评论人概不会有什么太多帮助，我们可以在不让对方难堪的情况下对批评充耳不闻。接受批评并不代表一味地倾听、一味地吸收，有时候批评只是沟通的开端。对那些就事论事、无所谓对错的意见如果持有不同看法，可以试着先肯定对方，再提出自己的观点和看法，达到沟通的效果。

在发展自我的学习方面和听取他人的意见方面做到自律自觉，就可以在挖掘自我潜能的大工程中一面铺路搭桥，一面查漏补缺，从而展现出自己最优秀的一面。

04 征服世界，从征服自己开始

人们最大的敌人就是自己，只有先征服自己，才能征服世界。

人生如战场，千军万马，杀气腾腾，一位在作战时能够万夫莫敌、屡战屡胜的常胜将军功勋彪炳，使得敌军闻风丧胆，但他内心是否平安、自在、欢喜，往往不为世人所知。例如拿破仑在全盛时期何等风光，战败后被囚禁在一座小岛上，相当烦闷痛苦，难以排遣，他说："我可以战胜无数的敌人，却无法战胜自己的心。"可见能战胜自己的心才是最懂得战争的上等战将。

莎士比亚曾说，假使我们自己将自己比做泥土，那就真要成为别人践踏的东西了。其实，别人认为你是哪一种人并不重要，重要的是你是否肯定自己；别人如何打败你并不是重点，重点是你是否在别人打败你之前就先输给了自己。很多人失败，通常是输给自己，而不是输给别人，因为他人决定的往往是一次成败，而一个人对自我的否定将决定他一生的命运走向。

美国从事个性分析的专家罗伯特·菲利普有一次在办公室接待了一个因企业倒闭而负债累累的流浪者。

罗伯特从头到脚打量眼前的人：茫然的眼神、沮丧的面孔、十余天未刮的胡须以及紧张的神态。罗伯特想了想，说："虽然我没有办法帮助你，但如果你愿意的话，我可以介绍你去见本大楼的一个人，我想他可以帮助你赚回你所损失的钱，并且协助你东山再起。”

罗伯特刚说完，这个人立刻跳了起来，抓住罗伯特的手说道：“看在老天爷的分上，请带我去见他。”

罗伯特带他站在一块看来像是挂在墙上的窗帘布之前，然后把窗帘布拉开，露出一面高大的镜子，他可以从镜子里看到他的全身。罗伯特指着镜子说：“就是这个人。在这世界上，只有这个人能够使你东山再起。你觉得你失败了，是因为输给外部环境或者别人了吗？不，你只是输给了自己。”

这个人朝着镜子走了几步，用手摸摸长满胡须的脸孔，对着镜子里的人从头到脚打量了几分钟，然后后退几步，低下头哭泣起来。

几天后，罗伯特在街上又碰到了这个人，他已不再是一个流浪汉形象：他西装革履，步伐轻快有力，头抬得高高的，原来那种衰老、不安、紧张的姿态已经消失不见。

后来，那个人真的东山再起，成为芝加哥的富翁。

就像故事中的主人公一样，人生在世，要战胜自己很不简单。一般而言，人得意时忘形，失意时则自暴自弃；被他人看得起时觉得自己很成功，落魄时又觉得没有人比自己更倒霉。实际上，只有在不受成败得失的左右、不受生死存亡等有形无形的情况影响，做到慎独自律、宠辱不惊、心安人静，才能说你已经战胜了自己。

05 没有任何东西可以替代坚韧的意志

当压力来临时，要用自己的豁达和乐观将压力转化为动力，并不时为自己加油打气，只要相信自己，就一定会成功。

这个世界上有能力的人很多，但是最后能获得成功的却有限，这是因为实现成功不仅需要能力，更需要意志。成功路上的各种风雨坎坷都是对意志的考验。谁的意志顽强，就能冲出风雨见彩虹；谁的意志力薄弱，就会倒在通往成功道路的最后一扇大门之前。

卡耐基认为，在世界上，没有别的东西可以替代坚韧的意志，教育不能替代，父辈的遗产也不能替代，命运则更不能替代。禀性坚韧是成大事、立大业者的特征。

所以，如何面对困难是成功者和平庸者之间的一道分水岭。成功者能够迈过困难的阻挠，而失败者却总是在困难面前止步不前，最终一生流于平凡。

在追求梦想的路上，也许你已经经历过太多的苦难和不幸，但是你要记住，千万不要丧失动力，因为只要坚持到云开见月明，成功就是你的。一个人面对困难时想拥有百折不挠的精神，没有一颗坚韧的心是万万不可能的。但凡有所成就的人，做每件事都会坚韧不拔、全力以赴。不管成功的概率有多大，哪怕只有1%的把握，他们也会付出100%的努力。

一个意志力坚强的人更有创造的力量，其在面对困难或突发事件时常表现得镇定自若、异常冷静，因而能发挥内在的潜能，找到解决问题的办法。因此，不论做什么事都要有坚强的意志，任何事情只有付出极大的努力才能获得成功。

至于如何增强意志，只有在一次次经历中去培养和磨炼。单纯的口号不仅不能体现出霸气，反而会让你如纸老虎一般，一碰就倒。

生活中，每一个人都会面临压力，在压力面前，没有人可以幸免。不管我们是否愿意，压力都会每天陪伴着我们，如果想在这个充满竞争的社会上获得更高的成就，学会变压力为动力就是一种必备的生存之道。

人的意志力是一种非常强大的力量，它能克服一切困难，不论所经历的时间有多长，付出的代价有多大，无坚不摧的意志力终能帮助人达到成功的目的。正如爱默生说过：“伟大及高贵的人物最明显的标志，就是他坚定的意志，不管环境如何变化，他的初衷与希望都不会有丝毫的改变，而终至克服障碍，以达到所企望的目的。”意志力顽强的人，心中充满了无限的可能性，他相信一切都是可以超越的。只要你认为能，就一定能。

06 专注而不放弃，是任何成功的前提

自律就是要坚持到底、永不放弃，咬定青山不放松。

也许你常常说：“我一直都想成功，也试过了很多次，但一直都没有好的结果。”那么，现在问你：“很多次是多少次？上百次、几十次，还是只有几次？”

对于没有成功的人而言，不管付出过多少次的努力，最后失败的原因肯定只有一个——放弃。人一定要有不放弃的精神，这是成功的前提。当然，要做到这一点，需要人具备自律精神，以此支撑着自己坚持到底。

在多数人看来，一个人是否有力量，全在于他的性格和手段。那些性格温和而从不采用暴力的人，有时会被人视为懦夫。然而，甘地却改变了人们对力量的看法，他以温和和非暴力著称，始终坚持自己的信念，这种强大的意志力萌发出的气场，让他成为印度最有影响力的领袖。

每一种成功的背后都有不为人知的心酸，但每一种成功也都有共同的秘诀，那就是坚持。很多时候，不要抱怨成功太艰难、路途太坎坷，你需要的是增强你的意志力，还有你的恒心。当你感到精疲力竭的时候，放弃是最简单的，也是看起来最好的选择，然而成功者在此时却能坚持下去，他们的意志力是普通人难以想象的，甚至为了成功，他们可以选择“一生只做一件事”。

有人曾经问过小提琴大师弗里兹·克莱斯勒，为何他能演奏得如此好，是不是运气好？弗里兹·克莱斯勒回答："这一切都是练习的结果。如果我一个月没有练习，观众可以听出差别；如果我一周没有练习，我的妻子可以听出差别；如果我一天没有练习，我自己能够听出差别。"

想让自己像弗里兹·克赖斯莱一样，用自身的实力和魅力感染更多的人吗？那就坚持做好你该做的事吧。

所有的失败者都有一个共性，那就是太容易放弃自己当初的一些愿望或原则。他们总认为坚持下去也于事无补，所以经常会自作聪明地选择"战略转移"，到头来一事无成。

其实，要想成功，就必须专注而不放弃。很多人非常聪明，但是没有长性，也难以成功。可是有些看起来不太聪明的人却因能够坚持而获得了巨大的成功。就像法国画家雷杜德，用了整整 20 年的时间只专注于一件事情，最终成就了他"玫瑰画家"的美誉。

雷杜德出生在封建制度下等级森严的社会，成长在法国大革命纷乱的战火中，他一生动荡，虽然也曾有朋友要他投身于人民解放的革命中，用鲜血染红一片奋斗的历程，但他没有答应。后来朋友威名远扬，成了赫赫有名的将军，而雷杜德却默默无闻，在历史上几乎找不到他的踪迹，但热爱艺术的人们会永远记住他。

雷杜德用了半生的时间来研究玫瑰，研究各种姿态美妙的玫瑰，整整 20 年，以一种"将强烈的审美加入严格的学术和科学中的独特绘画风格"记录了近 200 多种玫瑰的姿容，集成了《玫瑰图谱》。在此后的 180 年里，以各种语言和版本出版了 200 多个重版本，平均每年都有新版本的芬芳降临人世。雷杜德用半生的专注来挖一口玫瑰之井，让那些美妙的花儿艳丽多姿，这就是雷杜德的真本事，虽然只做出了一份贡献，但他依旧彪炳史册。

在历史的长河中，用毕生精力挖一口深井的人屡见不鲜：曹雪芹倾注毕生心血，终留传世之作《红楼梦》；鲁迅先生弃医从文，一生以文字作为与敌人对抗的匕首，针锋相对；钱钟书一生治学，终成当代中国少有的学贯中西的文学大家。可见，凡是有所作为的人，往往都是全神贯注、倾尽身心去追求既定的理想，浅尝辄止是挖不成一口深井的。

生活中有许多看似匆忙、手脚终不得闲的人，整天没有一刻休息，却总见不到任何显著成效。究其原因，想必就是做事浅尝辄止，刚刚上手去做某件事，而心里却又开始惦记着下一件事，到头来只能像抓蝴蝶的小猫，最终两手空空。

浅尝辄止的人之所以会显得异常忙乱，是因为他们没有坚定的目标，这无疑是对生命与资源的最大浪费。人生短暂，精力与时间都有限，我们应紧紧把握住自己独有的优势和志在必得的方向，凭借永不放弃的努力，执着而专注地做下去，这样才能有所作为。

当我们在为心中的目标而努力时，其实很多时候是看不到自己离成功还有多远的。有些人拼搏了一阵仍然看不到希望，便开始怀疑自己的能力，而后越来越绝望，直至放弃了努力。

殊不知，也许就在放弃努力的时候，成功已经离你很近了，只要再向前走几步，便能拨开乌云见晴日了，但就是因为没有坚持到最后一刻便永远与阳光无缘了。我们平常所遇到的挫折其实都只是一种考验，既然生命还没有对你说“不”，你又何必未战先降呢？

因此，做事情要持之以恒、善始善终，越接近成功就越要认真对待。哪怕走了九十九里，剩下最后一里没有走完，也不算成功。如果坚持不到终点，就会失去全部的意义。

第二篇——

理性的自控力：从浮躁到从容

人的一生总要面对各种情境，有顺境，有逆境，有成功，有失败，有诱惑，有打击，有繁华，有落寞，有惊喜，有失意……能否在各种处境中坚守自己的内心和底线，决定了一个人能否获得平和的心态和有序的生活。只有得意时不张扬，失意时不消沉；处顺境不失态，处逆境不失志；在泥淖中不抱怨，在乱花中不迷路；我们的人生才能走得更坚定、更智慧、更从容。

第一章

简化生活，拥有刚刚好的欲望

有心，就有欲。欲望本身并没有好坏和对错之分，

也正是这些欲望支撑着我们一点点走向文明。

但是，如果欲望过多的话，将会给自己带来毁灭性伤害。

控制自己的欲望，不要让自己沦为欲望的奴隶，这将是一种考验。

01　拒绝与目标无关的诱惑

在土地上种上了花，野草就不会疯长。心底有坚定的目标，脚步就不会被欲望阻挡。

经常听到有人扼腕叹息，如果当初如何如何，现在就可怎样怎样。对于这样的追悔，除了给他人增添谈资以外，还有什么作用呢？阻止一个人前行的，往往不是路有多艰难，而是心已经被其他的欲望牵绊。对于一个对成功怀有渴望的人而言，最后的选择权永远在自己身上。沉溺于过去的人，往往是因为自己有无法释怀的欲望。

有一位登山者希望在有生之年攀登上珠穆朗玛峰。于是，他从小就

非常勤奋地练习登山，从周围的小山逐渐攀登上了附近的高山，又逐渐攀登上了其他的山峰。在这个过程中，随着声名远物，他被鲜花簇拥，渐渐远离了训练过程中的石头和灌木丛。他的头顶不再是烈日和雨水，而是不断闪烁的镁光灯。

从未有过这般待遇的登山者一下子没有了方向。他突然觉得自己喜欢上了现在的生活：衣食无忧，生活在众人的关注之下。

过了几年，人们对登山家的热情早已“消费”一空，他没有了供人谈论的价值，自然就被冷落在一边。而此时的登山者只能望着高耸入云的珠峰哀叹，因为他已经过了攀登珠峰的黄金年龄。多年没有系统训练后的身体早已不适合登山，这也就意味着他一生的梦想只能化作一声叹息。

这件事无法简单地评判谁对谁错，是那些记者毁了登山家的一生吗？貌似是这样的，但年少成名的登山者有很多，最终成功登上珠峰的也大有人在，难道说他们没有受到环境的影响？

当你把原因归结到别人身上时，那只是不敢正视自己欲望的一种托词。欲望既是天使也是魔鬼，横亘在我们面前的一般有两条路，一条狭窄悠长，一条则鸟语花香。在岔路口，每个人的选择都无可厚非，但最终能够成功的往往是选择狭窄悠长道路的人。

古人教导我们无欲则刚，但是又有多少人能够做到弃绝所有欲望呢？有欲望才会有动力，但是只有那些能够驾驭欲望，不被欲望侵蚀的人才能够看得清自己真正的目标。而一旦成为欲望的奴隶，就会被欲望绊住前行的步伐，最终只落得悔恨不已。

萧伯纳曾说过：“自我控制是强者的本能。”生活的强者一般都会自我控制欲望，抵制那些与目标无关的诱惑。人们羡慕那些最后站上领奖台的人，却并不知道他们为了能够到达那一刻付出了多大的代价。在行走的过程中，坚定的目标就是最好的导航灯，拒绝不必要的欲望就完成了自我的升华。没有人会嘲笑一个为目标坚持走下去的人，相反，人们会对那些为了一时的欲望而走进岔路的人感到惋惜。

从相同的起点出发，最后能到达目的地的，终究只是少数。而这些少数往往就是能够发现新大陆的人，最终能够改变自己、改变世界的人。

02 过于执着的追求会让心灵蒙尘

放下对错误的执着，静下心来想想最初的方向，悲剧就不会上演。

很多人觉得痛苦，觉得自己不快乐，其中大部分原因是追求了错误的东西，让自己的欲望将心灵封闭。过于执着的追求会让你心灵蒙尘，看不到事情原本的美好。《老子》第四十六章有言：“祸莫大于不知足，咎莫大于欲得。”这句话的意思是说，灾祸没有比不知满足更大的，过失没有比贪得无厌更严重的。

打开心灵上的锁链需要一把钥匙，这把钥匙并不需要别人来打造，它就藏在每个人的心中，名字叫做静心。为什么人们觉得孩子是最快乐的，因为他们的要求往往单一而纯粹，没有其他的干扰。举个简单的例子，对于一个喜欢零食的孩子来说，一座金山也不如一包糖果能令他快乐；对于一个喜欢在野外玩耍的孩子而言，漫山的花草胜过满屋子的高级玩具。

师傅带着徒弟外出游历。走到半路上的时候，突然有一棵大树倒了下来，横在大路的中间，来往的行人和车辆过往都很不方便。徒弟对师傅说："把这棵大树移开吧，方便以后的行人。"可这棵大树实在是太重了，师徒两个人合力扛着也累得气喘吁吁。

经过一番努力之后，师徒两人终于将这棵大树放在了路的一边。徒弟心情很轻松地对师傅说："这棵树真重，把它从肩膀放下来的那一刻真的很轻松！"师傅借此开导徒弟说："在我们的心中，或许有的执念比这棵大树还要沉重，但有人却扛了一生。如果能够静心放弃那些不必要的执念，我们才能获得真正的轻松。"

很多时候，我们一直都是扛着太多的执念在前行，忙碌中很少去思考自己真正需要什么。有追求并没有任何过错，而一旦将某种追求当成不可或缺的执念的话，那些在欲望中挣扎的人肯定会遭遇更多的烦恼，甚至是死亡。因为当欲望大于生命的时候，生命遭遇威胁则成为一种必然。

曾经有一片广袤的土地，农民为了能够更好地浇灌庄稼，就在当地开凿了两条河，一条小河，一条大河。

刚开始的时候，无论大河还是小河都能够勤勤恳恳地浇灌着土地，河两岸的庄稼都有着不错的收成。可是有一天，大河觉得这样的生活太没有意思了，它要选择去远方。在大河的心里，它认为自己应该走得更远，这个穷乡僻壤并不是自己的久留之地。于是，这条大河聚集起了浑身的力量，一次又一次地冲向远方未知的土地。它坚韧地越走越远，当它回头看着身后越来越远的小河时，不由得感叹道：“小河也太没有追求了。”

非常遗憾的是，大河流到了一片无际的沙漠之中，大河所聚集起的那点河水很快就蒸发完了。

小河依然每年任劳任怨地灌溉着两岸的庄稼。随着农民丰收的成果越来越丰厚，人们将小河的河道拓宽了很多，比原先的大河还要宽几倍，而小河所滋润的土地也开始养育更多的人口。

很多年以后，当地越来越繁荣。小河也逐渐被当地人称为“母亲河”，而那条曾经的大河已经没有人记得了。

寓言故事中的大河其实就是人们心中某些欲望的真实体现。当欲望太过强烈的时候，也就是最容易迷失的时候。看不清真实的自己，执着于追求那些错误的东西，不仅会徒劳无功，让自己陷入无法自拔的境地，甚至会断送自己的性命。

正如人们常说的那样，在出生的时候，我们两手空空，什么也带不来；当我们死亡的时候，依然是两手空空，什么也不会带走。如果堆积太多的执念或者欲望，那么这个人的生活要么变得非常累，要么就变得非常无趣。

凡事要有一个度，如果不懂得节制，本想追求更好的生活，最终却会丧失一切。对于生活中的智者而言，在面临五彩缤纷的诱惑时，选择静心，把握好内心的尺度，忍住那些超出自己实际能力需求的欲望，才能将命运掌握在自己的手中。

03 放下那些得不到的欲望

如果不懂得放下那些得不到的欲望，就很难珍惜身边的美好。

在经济学中有一个非常著名的名词叫做机会成本，是指为了得到某种东西而要放弃另一些东西的最大价值。简单地说，就像一个人不能同时跨入两条河流一样，选择一样也就意味着必须放弃另一样。

多数人习惯在得与失之间的讨论中寻求一种平衡，但是当选择了一种方式孤注一掷的时候，结果却一无所获，便心生懊恼。曾有一句话被引用的范围相当广泛："得之，我幸，不得，我命，仅此而已。"其实，在追求的路上，得不到才是常态。种下的每一粒种子不一定都能够收获理想的果实，也不是付出的每一份真心都能够换回想要的笑容。在理想达不到预期的时候，又该如何处理呢？

传说在非洲的一个部落，人们用一种很简单的方式来捕捉猴子，就是在猴子经常出没的地方固定一些木箱，在木箱里放上它爱吃的水果，当猴子闻到水果的香味时就会用手来拿。聪明的猎人在箱子的上部开一个小口，而这个小口的大小恰好是猴子能够伸手去够，但是抓住东西却无法拿出的大小。一旦猴子伸手去抓水果，它即便看到猎人来了也不会将到手的水果扔掉，情愿被猎人轻易俘获。

其实，人和猴子都有一种不放手的心态，当付出与回报不成正比的时候，人就很容易失去平衡。而要维持这种平衡，则要有放手的心态。

学不会放手，很多时候不是不明白，而是不愿接受或者相信已经失去的事实。正是由于这个心理，人们选择了自我欺骗，在谎言的牢笼里无法自拔。学会放手，从来就不是说一句放下了就真的可以放下，当我们给自己的心上了一把锁的时候，钥匙其实就在自己手中。一个抱守残缺、不愿向前看的人只能在伤春悲秋的角落里哭泣。

有这样一个青年，他从小就立志当一名作家，为了达到这个目标，他每天坚持写作。十年如一日，他不断地练习，但是始终没有等到梦想成真的那一天，他用钢笔写下的手稿始终没有变成铅字。

直到29岁那一年，他收到了一封来自编辑部的信件。可惜这并不是一封稿件被采用的信件，而是一封退稿信。杂志的总编在信中写道："虽然你很努力，但我不得不遗憾地告诉你，你的知识面过于狭窄，生活经历也显得相对苍白……但我从你多年的来稿中发现，你的钢笔字越来越出色……"

收到信件的年轻人最终成为当代非常著名的硬笔书法家。关于成功，他有着自己的理解："一个人能否成功，理想很重要，勇气很重要，毅力也很重要。但更重要的是，人生路上要学会选择，更要懂得放弃。"

如果没有果断放弃，这位书法家也许还是一位追求梦想的文学青年。当面对得不到的欲望时、痛定思痛、果断放手才是勇敢的选择。有人说，坚持不放手就会有得到的那一天，所以我们常常看到已经分手的情侣依然苦苦纠缠对方，徒增双方烦恼。

这样的结果用一个词语来形容就是雪上加霜：自己想要的追求不到，

而原本就拥有的也不去在意。很多人在回顾自己一生的时候，总是有这样的感叹：轻易地放弃了本该坚持的，却固执地坚持了本该放弃的。

懂得放手从来就不是一种软弱和逃避的表现，而是一种审时度势的智慧。不是每一次努力都能换到预期的效果，有时候得不到的欲望就像鸡肋，既然无味，再啃下去也没有多少实际意义。面对一条已经无路可走的死胡同，人们都知道转身，但是面对无法得到的欲望，又有多少人能够认清放手的价值呢？

什么都想抓住，最终的结果是什么也抓不住。成功在很多时候就像是一只只漂亮的蝴蝶，当你奔跑着想抓住它们的时候，往往不会有好的结果；而当你放弃占有的欲望，摊开双手时，蝴蝶很可能就会降落在你手上。

04　极简生活，刚刚好才是最好的状态

真正的快乐不是建立在对欲望的满足上，而是植根于内心的平静。

“一箪食，一瓢饮，在陋巷，人不堪其忧，回也不改其乐。”这句话常常被用来称赞那些品德像颜回一样高尚的人。其实这句话还可以这样理解：每个人真正需求的其实并不多，很多时候感觉不如意恰恰是我们想要的太多。

年轻的时候蜗居于城市一角，渴望着能够在钢筋水泥的城市里有一间自己的小屋，后来小屋变大屋，大屋变复式，复式变别墅……可是夜晚真正用来睡觉的就是那一张床而已。这当然不是说要否定奋斗和进取

的价值，而是希望人们能够看到自己真正想要的东西。每个人都渴望成功，如果把成功看做一次长跑，只有那些负重最少的人脚步才会更加轻盈，才会更快地到达目的地。

我们常常要透过别人来认清自己，这就是所谓的以人为镜。但是，既然是镜子，就有可能变形或者扭曲。当镜子已经不能反映真实的情况，这时候所依靠的就只能是自己，依靠自己的敏锐感觉来看清楚自己原本的样子。每当你觉得快乐和满足的时候，都应该跳出来清楚地看一下自己，想想这个时候被刺激、被满足的究竟是什么。只有常常询问自己，才能和自己保持一定距离，有了距离，才能够清楚地看到那个状态下的自己。

一个作家曾经写过跑马圈地的故事：有一个人想要得到一块土地，土地的领主对这个人说，清早的时候你就从这里往外跑，跑一段就插个旗杆。只要你能够在太阳落山之前归来，插上旗杆的土地就都归你。于是，这个人便拼命地向前跑，直到太阳偏西的时候还没有回来。第二天，人们在一个很远的地方发现了他的尸体。发现他的人就地挖了一个坑，将他掩埋。在牧师做祈祷的时候说："一个人要多少土地才能满足呢？死后所占的也就这么大。"

超出实际需要的欲望就像一粒种子，它也会生根、发芽、逐渐成长。这种欲望一旦开枝散叶，将是压在心头的重大负担，而这种负担最终会成为阻碍自己前行的沉重脚镣。所有人都期望在前行的时候能够轻装上阵，但是面对五光十色的诱惑，又有多少人能够坚守底线，做个目标坚定的前行者？

记得以前和妈妈一起逛超市是一件痛苦的事情，妈妈总喜欢去特价区“淘宝”，无论是廉价的厨房用品还是日常家居用品，每次都是满满当当的一大包。而要把这些运回家，着实需要花费一点功夫。每到过年的时候，总能够从储物室里找出一大堆用不着的物品，这些物品大部分都是妈妈从超市运回来的。问及妈妈，“便宜，可能会用得着”是妈妈的挡箭牌。

其实细想，真的有那么多东西是自己确确实实需要的吗？真的有那么多追求是我们不得不去努力实现的？现在很流行一种说法，就是倡导一生中不得不读的图书、不得不看的电影、不得不去的地方，好像不去做的话人生就是一种不完整。但是很多人真的做了以后，并没有得到预期的快乐。可见，自己真正需要什么，不是依靠他人提供指南，而是遵从自己的实际需要。

我们来到这个世上，两手空空，一无所有。人的一生在很大程度上是一个做加减法的过程，有人得到了，就想要更多，不停地做着加法，最终的结果却是累死在路途中；而成功的人总是在做加法的同时也做减法，不断放下自己不需要的欲望，减少心灵上的负担。这样的人会有足够的精力和时间来欣赏一路的风景，而不是为了欲望劳碌不停。

第二章

不在能吃苦的时候选择安逸

苦是一种滋味，更是一种态度。

愿意吃苦的人都是能够坚持的人，

敢于吃苦的人才能够从芸芸众生中脱颖而出。

泪水和汗水成分相似，但汗水带来的将是成功的喜悦。

01 很多小事并不是浪费时间

成功者的大脑中总是有这样一种信念：没有一件小事是浪费时间的。

“不积跬步，无以至千里。不积小流，无以成江海。”这是千年之前的先哲留给后世的治学法则。同理，这样的法则也可延伸到想成就人事上面。时常听见有人抱怨自己怀才不遇，总是没有机会去做一些大事，也有人总是说在等待一个机会，可即便天上真的掉了馅饼，那也要你伸手去捡，不是吗？

不是每一件小事都不足挂齿，在实际工作中，所有的大事都是由一件件不起眼的小事组成的，不能因为事小就选择敷衍对付或者是轻视懈怠。现实中的成功者，我们看到的往往是其成功后的风采，可是他们在成功以前所做的小事却被人们选择性遗忘了。有人会说，我也每天做着各种不起眼的小事呀，可为什么成功还是距离我那么远呢？其实这取决于我们对待小事的态度。我们都期待着自己所做的事能够产生一个质的变化，但是若没有足够量的积累，那质变就是一种空谈。

庞大的美国标准石油公司曾经有一位小职员，他的名字叫阿基勃特。他在出差住旅馆的时候有一个习惯，总是在自己签名的下方写上“每桶 4 美元的标准石油”的字样。这种习惯就连在书信以及收据上也不例外，签名的下面也是这样的一行字。久而久之，阿基勃特就有了一个外号——“每桶 4 美元”，而他的真名却越来越少被人所知。

标准石油公司的董事长洛克菲勒知道这件事以后，对阿基勃特的行为深有感触，为他手底下有这样一个细致和敬业的员工而感到自豪。在洛克菲勒的邀请下，阿基勃特与洛克菲勒一起共进晚餐。在这次谈话中，洛克菲勒看出阿基勃特并非哗众取宠而这样做，他在实际工作中也是尽力把每一件小事都做好。于是，洛克菲勒提拔阿基勃特做了董事长特别助理，而阿基勃特在这个位置上依然勤恳上进。后来，洛克菲勒卸任，阿基勃特成了标准石油公司的第二任董事长。

阿基勃特有过人的才华吗？肯定有，他最终能够掌管这么大的一家公司，没有一定的能力是无法做到的，但他就是员工中能力最出众的吗？恐怕不尽然，他之所以能够从众人中脱颖而出，不轻视每一件小事绝对是一个非常重要的原因。

一部鸿篇巨制需要一个一个的词语组成，而大事也是由一件件的小事连接而成。一心只想做大事的人，常常对小事嗤之以鼻，但这样的人结果只能是在不断地幻想与抱怨中一事无成。

刚迈入不惑之年的高强担任某跨国集团驻中国区的总裁，手下各个地区的办事处员工加起来，总数达到了一千多名。而高强有一个习惯，那就是记住每一个员工的名字，这在很多人看来都是多此一举的事情，作为一名高管，费心去记住每一名下属的名字无疑是一种浪费时间和精力的做法。

但是高强有着自己的想法，在他看来，自己作为集团驻中国区的总裁，责任是带领着大家把事业做好，而能够叫得出每一个员工的名字是对员工的一种尊重。

一天晚上，高强陪着总部的领导来公司拿一份资料，在上电梯的时候，碰到了一名销售部的员工，这个男孩还带着一名女孩。顿时，狭窄的电梯里的气氛有点尴尬，一位是总部领导，一位是区域总裁，一位是普通的销售员，还有一位并不熟悉的异性。

就在这个时候，高强和那个员工交流起来，很随和地问："许剑，今天加班呀？你们现在正在做的那个项目进展得怎么样？"

这个名叫许剑的普通员工突然愣了，因为他没有想到总裁能够叫出自己的名字，还知道自己如今在做的项目。

第二天早上，当高强打开邮箱时，收到了许剑晚上11点钟发过来的一封邮件，在邮件里他这样写道："高总，您今天让我太有面子了！我带来的这个朋友还没有成为我女朋友，但是因为您堂堂一个大总裁居然能够叫出我的名字，并询问我项目的事，这已经为我的形象加分不少。"

许剑也许并不知道，其实在取完资料陪同总部领导回酒店的路上，领导对高强也是强赞不绝口。他认为高强一定能够在中国区总裁的位置上创造出良好的业绩，因为从这件小事中，领导已经看到了高强对待公司和员工的态度。

没有什么小事是浪费时间的，要想成功，坚持把一件件小事做好以后，成功就是水到渠成的事情。所以，不要因为事小而不做，成功虽然存在着一定的偶然性，但是能够关注小事的人成功的概率无疑更大。

02　伴随汗水的人生，才是充实的人生

千万不要吝啬自己的汗水，因为这并不是一件羞耻之事，相反，伴随着汗水味道的人生才是最充实的人生。

在生物学家看来，汗水只不过是人的皮肤所分泌出来的一种代谢物，但是在人的精神世界里，汗水却是勤奋的代称。一分耕耘一分收获，其实就是把人生的历程比做农民种庄稼，三分播种，七分管理，而播种和管理需要的同样是汗水。没有付出，就不要妄图有收获，拒绝流汗，其实也就把成功放在了一边。

成功不会从天而降，我们要端正好心态，用汗水来浇灌自己的人生。如果心术不正，或者只想着得过且过，不愿付出劳动的话，那永远也不要奢望得到成功的青睐。

小张和小李两人是大学的同班同学，毕业后同时进入到一所高中做老师。这对于学习生物的他们来说，无疑是一个令人羡慕的出路，两个

人都觉得很幸运。

小张在工作中依靠自己扎实的学识得到了校方的认可和学生的欢迎，他认为自己从小学到大学苦读十几年，为的就是有这样一份稳定的工作。他觉得待在学校，一辈子做一个有待遇、有假期的高中教师挺好。

而小李则不同，他的工作同样无可挑剔，唯一不同的是他在授课的同时依然没有忘记继续学习。他坚持阅读历史原著，坚持关注学术界最新动态。随着知识量的扩增，小李的讲课水平也越来越高，并且在两年后申请进入名牌大学读研究生，继续深造。

每个人都有着自己不同的选择，没有人会觉得小张的选择有什么不对，但是与不断奋斗的小李相比，小张的人生似乎就黯淡了很多。世上没有天生的懒汉，梦想也曾激励过不止一代人为之不断奋斗。但是，一些人只是选择停留在了某一个地方，过一种固定的生活，企图最大限度地维持现状，而不愿向前多走一步。

当一个人开始不尊重汗水的时候，那也是他距离成功越来越远的时候。在很多人眼中看上去非常聪明的人，我们往往只是看到了他们成功后的笑容，而对于那些背后不为人知的汗水却视而不见。

李嘉诚的成功毋庸细谈，很多人想知道他是怎样成功的，这也包括一位新入职的员工。李嘉诚见此情形，并没有从方法上多说，而是对这位新员工讲述了一个故事。一个记者在采访中，问日本“推销之神”原一平有什么成功的秘诀。原一平当场脱掉鞋袜，对他说：“请你摸摸我的脚板。”

这位记者感到有些疑惑，但还是好奇地摸了摸对方的脚板，他对此十分惊讶说:“您脚底的老茧好厚呀!”原一平微笑着说:“因为我走的路比别人多,跑得比别人勤。”记者略微沉思后,顿然醒悟。

李嘉诚讲完故事后,淡淡地说:“我没有到摆资格让别人来摸我的脚板的高度,但我可以明白无误地告诉你,我脚底的老茧也很厚。”这些老茧都是当年李嘉诚每天背着样品的大包,马不停蹄地走街串巷磨出来的。当时的李嘉诚从西营盘到上环再到中环,然后坐轮渡到九龙半岛的尖沙咀、油麻地,他的一双脚几乎走遍了整个香港。后来李嘉诚说:“别人8小时就能做好的事情,如果我做不好,我就用16个小时来做。”

当很多人对勤奋这个词语不屑一顾时,还是有所谓的“笨人”在坚持着自己的努力,为实现自己的梦想默默地流汗。越想成就一番大事,所要选择的道路就越发艰难。这其实很好理解,如果成功是畅通无阻的康庄大道,那人人都将成为一个所谓的“成功者”。真正能够成大事者,对于汗水往往会有自己独特的理解,能够从汗水中看出不一样的东西,也能够从汗水中获得最后的成功。

吃苦意味着流汗,成大事者从不将吃苦流汗作为炫耀的一种资本,相反,把它作为成功之路上必经的一种历练。

03　目标的难易，取决于你看待它的态度

成功很难吗？这要看一个人是以什么样的心态来看待成功的。

“难”已经成为人们最常见的一个借口，而且是获得别人同情的一个最难辩驳的借口。很多人总是习惯给自己制订种类繁多的计划，但最后多是不了了之，问及原因，往往只有一个字——难。可是我们遇到的事情真的有那么难吗？

曾经结交过一个朋友，在年初的时候信誓旦旦地写下一年的计划，包括要去哪儿旅行、要读多少书、要去看谁的演唱会等等，事无巨细。到了年末的时候，在聚会中谈及他的计划，他有些不好意思地说基本上都没有完成。看着我们有些失望的神色，他急忙解释道：“不是我不想做，而是太难了！”说完，就开始给我们计算旅行的花销、阅读的时间等等。在大家表示都能理解的时候，这位朋友露出一种心安理得的释然笑容。

回到家里重新看了一下年初他的计划，真的有那么难吗？其中有一本书只是一本不到一百页的绘本，而其中一项旅行目的地就是他所在城市的郊县。这些真的很难做到吗？其实未必。

英国的一家报纸曾经举办了一场非常有意思的智力竞赛，竞赛的题目是这样的：有三个对人类做出过巨大贡献的名人，他们分别是医学博士、著名化学家和举世瞩目的核物理学家。有一天，这三人搭乘同一个热气球。热气球在半空中突遇风暴，残酷的现实是，只有把其中一人推

下去，才能确保另外两人的安全。问题是，究竟谁应该被推下热气球呢？

在比赛的题目公布以后，收到了数以十万计的答案，都用长篇大论来证明三个人对人类贡献的大小。然而，最后获得大奖的却是一个12岁的小孩，她的答案非常简单，只有一句话："把最胖的那个人推下去。"小孩子在这次竞赛中表现出令人意想不到的智慧，关键是她的思考方式与众不同。

小孩的思维方式就是最简单、最直白的方式，但是也是最有效的。

当我们习惯以一种固有思维思考问题的时候，往往会把问题复杂化。换一种方式思考，或许问题会更简单。在我们遇到困难的时候，不要一直沮丧懊恼，不要抱怨别人、抱怨自己，首先应该检讨错误，知道自己错在哪里，然后不妨改变一下思维方式，试试另一种方式能不能成功。

众所周知，跑马拉松是一项极度考验人的耐心和体力的运动项目。1984年的东京国际马拉松邀请赛中，名不见经传的日本选手山田本一大爆冷门，夺得了世界冠军。比赛结束后，当记者问他凭什么取得如此惊人的成绩时，他的一句"凭智慧战胜对手"让当时体育界嘘声一片。

听到这样的回答，许多人都认为这个偶然跑到前面的矮个子选手是在故弄玄虚。毕竟马拉松比赛是体力和耐力的较量，只要身体素质好再加之有耐性就有希望夺冠，爆发力和速度都还在其次，如果非要说是用智慧取胜确实有些太牵强了。

两年之后，国际马拉松邀请赛在意大利北部城市米兰举行，山田本一依然代表日本队参加比赛。这一次，他出人意料地又获得了世界冠军。当记者再一次请他谈经验时，生性木讷、不善言谈的山田本一回答的仍然是那句“用智慧战胜对手”。这一次记者虽然没有嘲笑和挖苦这名选手，但是对他的答案依然表示非常不理解。

是谜底总有揭开的一天，答案就藏在他的自传中。在自传中，他是这样说的：“每次比赛之前，我都有一个习惯，那就是乘车把比赛的线路仔细地看一遍，并把沿途比较醒目的标志画下来，比如第一个标志是学校，第二个标志是一所房子，第三个标志是一口池塘……这样一直画到赛程的终点。每当比赛开始以后，我就奋力地向第一个目标跑去。等到达第一个目标后，我又以同样的速度向第二个目标去。40 多公里的赛程，就被我分解成这么几个小目标轻松地跑完了。最开始的时候，我并不懂这样的道理，我一直把我的目标定在 40 多公里外终点线上的那面旗帜上，结果跑到十几公里时就疲惫不堪了，我被前面那段遥远的路程给吓倒了。”

我们完全可以学习山田本一的成功方式，要达到目标，就要像上楼梯一样，一步一个台阶，把大目标分解为多个易于达成的小目标，脚踏实地地向前迈进。这些小目标逐个实现以后，你会发现，成功并非那么遥不可及。

成功很难吗？这要看一个人是以什么样的心态来看待成功。如果把成功比做金字塔，很多人的眼睛往往只盯着那高耸入云的塔尖，对塔下一层层的基础却视而不见，因此迷失了正确的方向。

04 恒久的坚持是成功的要诀

一个内心坚定的人往往不会在乎前方到底还有多少未知的困难，也不会在意自己还要坚持多长时间。在他们的眼中，坚持是最简单也是最有效果的一种方式。

在今天，不知道还有多少人依然坚持着自己的梦想，还有多少人依然坚持等待着梦想成真的那一刻。坚持，其实是对毅力和勇气的极大考验。对于坚持的力量，实际的例子或许比语言更具说服力。

1987 年，她年仅 14 岁。由于家庭贫困，辍学的她在湖南益阳的一个小镇上卖茶。与其他卖茶人不同，当时一毛钱一杯的茶，她的杯子总是比别人家的大一号，所以卖得是最快的。

17 岁那年，她依靠自己在镇子上攒下的钱，将卖茶的摊点搬到了益阳的市区，并且改卖当地特有的“擂茶”。制作擂茶是很麻烦的一件事，但是她凭借着自己的努力，很快便掌握了其中的技巧。她的茶摊前总是显得很忙碌。

20 岁，她的职业依然是卖茶，只不过卖茶的地点从益阳搬到了省城长沙，以前的小摊也换成一间小门店。喝茶的客人进门以后，她服务周到，价格合理。除了喝茶之余，客人们还总是从这里买上一点茶叶，因为这里的茶叶品质很好，绝对不会出现以次充好的情况。

24 岁那年，她已经和茶打了十年的交道。而 10 年之后，她在全国各地拥有了50多家茶楼。福建安溪、浙江杭州一带的茶商提及她的名字，总是交口称赞，因为她从来不拖欠茶款，茶商也愿意将最好的茶卖给她这个懂茶之人。

这并不是她的终极目标，她最大的梦想就是让原本习惯喝咖啡的国度里也能洋溢着茶的香气。按理说，她早已摆脱了当初困窘的处境，但她的梦想却始终没有变。终于，在30岁那一年，她把自己的茶庄开到了新加坡，现如今，她已经将自己的茶庄开遍了亚洲。

很多人羡慕她获得了成功，觉得她是赶上了时机，但却忽略了一个最简单的道理，那就是坚持的力量。卖大碗茶的人有很多，能开茶楼的人也不在少数，但是最终能够将一杯茶水卖上二十年的又有几个呢?

随着社会发展速度的加快和各种新事物的层出不穷，总会出现一些一夜暴富的神话，但是她始终耐心地和茶水打着交道，耐心地与品茶的人打交道。她曾经说:“我是个卖茶的，也永远是一个卖茶的，我一定会一条路走到底。”最终，她的坚持让她等到了梦想成真的那一天。

总会有投机取巧的人在寻求成功的秘诀，其实秘诀很简单也很难，就两个字——坚持。任何想要成就大事的人，成则源于不断坚持，毁则源于半途而废。坚持这两个字有人觉得很难，因为最终能够坚持下来的终究是其中的少数，而有人觉得简单是因为只要愿意，人人都能够做得到。

一次，英国首相丘吉尔被邀请到一所大学进行演讲，而演讲的主题又是有关成功。演讲当天，人们将礼堂围得水泄不通，因为有太多的人渴望从中汲取到成功的养分。

在演讲之前，全场掌声雷动。掌声过后，人们都翘首以盼。丘吉尔缓缓走向演讲台，慢慢地说："成功的秘诀有三个……"说到这里便沉默了。场下异常安静，人们纷纷准备记录，看看丘吉尔能够说出什么富含哲理的惊人语句。"第一个，是绝不放弃。"话语坚定有力、简练精当。人们在兴奋中静听下文。丘吉尔接着用缓缓的语调说："第二个，是绝不、绝不放弃！"全场在期待着，不知道丘吉尔葫芦里卖的什么药。"第三个，是绝不、绝不、绝不放弃！"丘吉尔大声地说。这几句话说完以后，丘吉尔穿上大衣，戴上帽子，离开了礼堂。这个时候，整个礼堂异常安静，一分钟后，突然掌声雷动。

很多人经常感到不解，为什么很多成功者都资质平平，看上去并不那么聪明。其实，专注者最聪明，原因很简单：那些看似愚钝的人有一种顽强的毅力，一种在任何情况下都心如磐石的决心。他们很少受到周围的诱惑，也不偏离自己最初的成长轨道

这个世界有时候很吵闹，想要成功，就要在这样的环境中静下心来，专注于某一项事业，内心不受其他欲望和诱惑的摆布。在坚持的过程中，虽然可能会放弃很多机会，但是只有不断坚持的人，最终才能成就一番大事业。

05　能一往无前，也能果断转身

一往无前是一种勇气，但是在前行的道路上一旦遇到各种不如意，是继续往前，还是审时度势地做一次转身呢？

人生的美好有很多种，有执着之美，有拼搏之美，同样也有转身之美。一次睿智的转身之后，曾经聚集的目光可以看到周围摇曳多姿的风光，曾经紧绷的神经可以得到松弛，曾经看似无望的生活也会呈现出新的道路。

有一位留美博士，从小学到大学，从国内到国外，学业一直名列前茅。回国以后，他顺利地进入一所著名的大学。工作以后，他依然十分勤奋，整日忙碌着课题的申请、研究、答辩和验收。开不完的学术会议，赶不完的学术论文，除此之外，他还要给本科生和研究生上课。在一切空闲的时间，他的身影总是出现在实验室中。在他的生活中，“忙”是最常用的字眼，加班到深夜是常事，很多时候连吃饭都成为一种负担，方便面成了他最常吃的一种食物。

在这样高压的情况下，他的学术研究成绩斐然。不到40岁，他就成为学院里最为年轻的教授，各种荣誉证书塞满了抽屉。在学生看来，他是一位尽职尽责、学识渊博的好老师；在同事看来，他是一个作风严谨、学术功底扎实的好同事。但是在父母的眼中，他是一个十足的工作狂人，连春节都很少回家，甚至没有时间去相亲。朋友眼中的他则是一个志存高远、令人钦佩，但是生活单调到近似枯燥的人。

突然有一天，他晕倒在实验室里，诊断的结果让人吃惊。长期的生活不规律和过度疲劳让他的脏器受到很大损害，如果不进行调养，很快就会有生命危险。其实早在两年前，他的身体就已经对他的行为表示了抗议。只是他当时根本没有在意，认为自己还年轻，身体底子较好。甚至连学校组织的每年例行体检，他都没有时间参加。

躺在病床上，这位年轻有为的教授突然觉得有些后怕。长期以来，勤勤恳恳、勇往直前一直是他人生的信条，而他从没有想过转身看看周围的风景。

调养几天以后，他到学校请了一年的假。在这一年里，他陪老妈去菜市场买菜，陪老爸到小区里健身，闲暇的时候背起旅行包自己旅游，在旅游的过程中还结识了一个美丽聪慧的女子……

一年以后，重新回到工作岗位上的他神采奕奕，好像完全换了一个人，虽然工作依然很忙碌，但是他觉得生活充满了希望。

随着生活节奏的加快、生活压力的剧增，人们的脚步变得更加匆忙。在不断前行的时候，很多人却忘记了转身。一次小小的转身，与其说是对现实的一种无奈妥协，不如说是对自我过往的一次审视。停下来，认真看看周围的风景，就会有一个全新的世界。

无论身处何地，无论此时此刻一个人的处境有多么艰难，一定要学会适时地转身，这将把我们从苦闷的情绪中解脱出来。

马克·吐温是美国著名作家，但是他在成为作家之前却是一个十足的失败者。在马克·吐温的心中，他的最大理想就是成为一名出色的商人。45 岁之前，他靠爬格子发了点小财，并有了点名气。正在这时，一个叫佩吉的人来敲他的门，希望他能够投资打字机的生意。但这个人却是一个十足的骗子，只会不断地向马克·吐温要钱，最后马克·吐温赔进去了 19 万美元。

50 岁的时候，马克·吐温的名气更大了，他所写的书不少都成了畅销书，人们争相购阅。出版商看准这一行情，争相出版他的作品，靠他的作品而发财的大有人在。

眼看自己辛辛苦苦写出来的作品的出版收入大部分落入出版商的腰包，自己只拿到其中很少的一部分，马克·吐温感触很深。他时常想:“为什么我不自己开个出版公司，专门出版、发行自己的作品呢？这样我就不用受出版商的盘剥，自己也能够挣上一大笔钱。”恰在这时，他手头有 6 部作品即将脱稿。他细算了一下，如果把它们交给出版商，最多只能得到 3000 美元的稿酬；如果自己出版，至少可得 25000 美元的收入，二者相差 8 倍之多。他决心自己出版自己的作品，开始从一个作家到出版商的转变。

但是他写书还行，对出版行业却一窍不通。这个出版公司勉强维持了 10 年，最后在 1894 年的经济危机中彻底破产。马克·吐温为此背上了 9.4 万美元的债务，债权人竟有 96 个之多。

这两次的经商经历总共赔进去了约 30 万美元，不仅多年积累的稿费赔了精光，并且负债累累。马克·吐温的妻子奥莉姬是一个非常聪明的女人，她深知自己的丈夫并没有多少经商才能，但有很好的演讲和写作才能，于是制订了一个可行的还款计划，终于使得马克·吐温还清债务，摆脱了失败的痛苦，在文学创作上取得了更好的成就。

一次简单的转身其实并不容易，但在面临转身的时刻，一定要果断勇敢。机遇有很多，但从来都不是为那些观望者预留的。发现机遇时，一定要果敢，不要浪费有限的时间和精力。因为当一个人考虑再三的时候，机会很可能已经溜走，成功也会与之擦肩而过。

第三章

人生总有苦痛，走出就能成长

痛是一种贯穿身体和心灵的感觉，没有经历过这种感觉的人估计很难体会到。

人生的痛有很多种，有时甚至会经历很长的痛苦阶段。

而选择克制则可以将这种苦楚消于无形，让自己的人生多一些平和从容。

01　每一道伤痛都能变为成功的勋章

人生中经历的每一道伤痛都将是最终问鼎成功后的勋章。

伤痛的滋味只有经历过的人才能够体会。有些人习惯向别人倾诉自己有多么痛苦，而有的人则乐意去做一个心灵导师。言语所能表达出来的往往不及真实伤痛的百分之一，而那些被深埋的伤痛则是一把既可伤人也能利人的双刃剑。想要从伤痛中汲取力量，依然需要自身的努力。

当他“活到最狂妄的年龄时忽然残废了双腿”，于是便每日来到人迹罕至的地坛公园，在寂静的天地中思考着关于生与死的问题。最后他终于明白：一个人，出生了，这就不再是一个可以辩论的问题，而是上帝交给他的一个事实。最终，他接受了这个苦难，包括生命中最不能忍受的残酷和伤痛。

后来，他开始将自己的目光转向周围的人群，试图看看别人是怎样的命运和活法。首先他看到的是为自己操碎了心的母亲，他明白自己所有的痛苦和不幸到了母亲那里都是要加倍的，他还看到了一个漂亮但弱智的少女、一个有着长跑天赋的朋友、一对非常恩爱的夫妻……

通过对周围人的观察，他进一步加深了对命运的认识："就命运而言，休论公道。"这是一个因苦难而有差别的世界。如果被选中去充当那苦难的角色，那就勇敢地去承担。通过思考，他进而想到问题最关键的部分，人应该如何看待自己的苦难。在地坛的日子里，他最后明白了：以最真实的人生境界和最深入的内心痛苦为基础，将自己的生命放在天地宇宙之间而不觉其小，反而因背景的恢宏和深邃更显生命之大。

这个人就是史铁生，一个下肢没有活动能力、几十年都坐在轮椅上的人。而他流传最广的一篇文章当属入选中学语文教材的《我与地坛》。除此之外，他还以独特的视角和思维方式写下了大量文学作品，反响十分热烈。

在史铁生的世界里，他对生命的思考、对伤痛的思考达到了一种更为广阔的境界。也正是在这种苦痛中，史铁生完成了生命的蜕变，将这种生命中的苦痛变成自己走向成功的一枚闪亮勋章。

当然，不是每一个遭受伤痛的人都能够成为史铁生一样的人，也不是说只有经历过各种灾难，才能最终取得成功。伤痛不是成功的必备条件，但能够跨越伤痛则是成大事者所必须要经历的道路。

不用刻意去强调伤痛的作用，有时候这只能起到相反的作用。对于经历伤痛的人来讲，不要花费太多的精力在伤痛本身上，而要试图从伤痛中学习到什么。英雄不问出处，成大事者也不会太在意自己曾经历过多少不幸和伤痛。

一头驴掉进了一口枯井之中，它的主人想尽办法希望能够把它救上来。经过数次的失败之后，主人决定放弃。反正驴子已经老了，况且这口枯井早晚也是要填上的，于是人们拿起铲子，开始填井。当第一铲泥土落进枯井时，驴子叫得更恐怖了，它显然明白了主人的意图……

放声悲鸣的驴子让所有人都感到心酸。为了尽快解除驴的痛苦，人们加快了填土的节奏。可是过了一会儿，枯井中的驴停止了叫唤。当人们都认为驴已经死去的时候，却惊奇地发现，这头驴并没有死，它还站在井底。那些铲进坑里的泥土都被它抖落在脚下，然后用自己的蹄子将泥土踩实。驴子正安静地期待这枯井上的人，等待众人铲下的土壤。

很快，驴就站到了枯井口，随后走出了枯井。

生活中的伤痛在所难免，但每一次的伤痛其实都有着自己无可取代的价值。就像寓言中的驴子一样，当别人将土扔到它的身上准备埋葬它的时候，它却能够抖落在脚下，最终成为自己走出枯井的基础。

人生也是如此，伤痕累累的人拥有比其他人更丰富的经验，也有着更加接近成功的决心。在获取成功的那一刻，当初所有的伤痕都已成为一枚枚勋章。在绝望中寻求希望，这是一个成功者应该有的素质，也是通往成功的必经之路。

02 挥别过去，为生活带来新的改变

不要为了已经打翻的牛奶哭泣，否则打翻的将不再是牛奶，而是自己的心血。

少小离家，为的是能够看到一个更广阔的世界。只停留在一个单调的圈子内，眼界永远无法得到扩展，也就达不到一个新的高度。选择挥手离别，其实并没有将伤感情绪无限扩大；相反，将挥别看做一次全新的出发，将给你以后的生活带来新的改变。

自古多情伤离别，别离之痛往往刻骨铭心。人生聚散别离是常态，与其在别离中哀婉叹息，不如大度挥手。海内存知己，天涯若比邻，每一次的挥别其实都是一次全新的开始。这种挥别，不仅局限于一个人、一种情意，还有一种态度。

一个青年一直感觉不到幸福，他听说在遥远的地方有一位大师，能够化解人们心头的疑惑，于是便背着个大包袱，千里迢迢跑来找大师。他说："大师，我一路走过来是那样孤独，路途中充满了无尽的痛苦和寂寞。长期的旅途跋涉使我疲惫到了极点；一路上我的鞋子破了，荆棘割破了双脚；双手也受伤了，曾经不停地流血；嗓子因为长久地呼喊而喑哑……可是我做了这一切，为什么还不能找到心中的阳光呢？"

大师看着这位青年轻声问道："你的包裹里装的什么？"青年说："这是我目前为止最为重要的东西，在这个包裹里面，装的是我每一次跌倒

时的痛苦，还有受伤时的无助以及孤单时的烦恼……正是靠着它们，我才能走到您这儿来。”

于是，大师带着青年来到河边，河水哗哗地流淌着，看起来很深。大师和青年一起砍下一棵树，放在河里，踩着树过了河。上岸后，大师说：“你扛了树赶路吧！”“什么，扛了树赶路？”青年感到惊诧，“这棵树那么沉，我扛得动吗？”“孩子，既然你扛不动它，也不用扛它了。”大师微微一笑，接着说，“否则，它会变成我们的包袱。无论是痛苦还是孤独，乃至寂寞和眼泪，这些对人生都是有用的，它们能使生命得到升华，能够让我们感受到生命的美好，但如果时刻不忘，那么它们就成了人生的包袱。有些东西需要放下，因为一个人的生命无法承担那么重的包袱。”

将自己局限在过去圈子里的人是可悲的，过去的事情可能很重要，曾经逝去的情也许值得留恋，但是只有与过去告别才能拥有更好的未来。

过去的事情往往会形成一个标签，给人一种刻板化的影响，而撕掉过去的标签，能够让自己的观念彻底松绑，以全新的眼光来看待问题。没有人可以预测未来，你不一定就是别人说的那样，也不一定会像自己以前一样。不要让过去在自己身上留下痕迹，在每一天迎接新的自己，这是生活的智慧。

挥别过去还有一个好处，那就是能够更加清楚地认清自己。在很多时候，看清楚自己所处的位置比单纯地一直向前要有用得多。告别过去，不仅是给自己减压，也是在给自己打气。

03 平心静气，才能发现解决问题的能力

能够控制并调节自己情绪的人才不会被自己的情绪所左右，这样的人能平静地生活，并获得解决问题的能力。

如今，暴躁和争执已经成为很多人生活的常态，每个人的身上仿佛都背着一个炸药桶，一不留神就会引爆。有人将这归结于生活节奏的加快和人们身上背负的压力增大。事实上，缺乏一种平心静气的态度是造成这一现象的重要原因。

有经验的船工知道，看似平静的水面往往需要格外小心，因为在下面蕴藏着巨大的力量；而那些看起来波浪翻滚的水面其实是最安全的，这就是平静所产生的力量。一个人也一样，想要成就一番大事业，就要学着放弃争执，在心平气和中积攒静心的力量。

有一位年轻人，在每次生气和别人起争执的时候，他就会以很快的速度跑回家去，绕着自己的房子和土地跑上三圈。这样一来，他与其他人争执的次数越来越少。后来，这个年轻人逐渐变得十分富有，自家的房子和土地也变得越来越大。但是，他始终有一个习惯，那就是不管自己多么富有，只要与人争执生气，他仍会绕着自己的房子和土地跑上三圈。

许多年过去了，当初能够绕着房子和土地跑三圈的人已经不再年轻。当他心情不好或者与人争执的时候，他一如既往地绕着房子和土地走完

三圈。他的孙子在他的身边恳求他："爷爷，你都这么大年纪了，附近已经没有人房子比你大、土地比你多了，为什么你还要这样做呢？"

当初生龙活虎的年轻人现在已经白发苍苍，他笑着对孙子说出了隐藏在心中多年的秘密："当我年轻的时候，每次我生气、郁闷时，就绕着房、地跑三圈，我一边跑一边想，现在我的房子这么小，土地也这么小，我哪有时间、哪有资格去跟人家生气呢？一想到这里，气就消了，我就把自己所有的精力都用在了工作上。然而到现在，当我心情不好的时候，我依然一边走一边想，我的房子这么大、土地这么多，我又何必跟人计较？这样，我的心就平静了下来。我认为浪费时间去沮丧是完全徒劳的，所以每一天都过得很快乐。"

执着于争执，在很大程度上就限定了自己的思维空间。在争执中失败，会加重自己的沮丧情绪，让人产生挫败的感觉；而即便与人争执成功，也会浪费大量的时间和精力，最终得不偿失。

一位著名演讲家被邀请到一所大学去担任大学生演讲比赛的评委。所有参赛选手抽签确定了演讲顺序和演讲主题后，第一位选手表情很不满地走向了讲台。当观众和评委正准备听他演讲的时候，他走上讲台说："同学们，尊敬的评委，这是一场不公平的比赛！我领到这张纸以后，只有几分钟的准备时间，而我后面的人则有更为充裕的时间准备，这是不公平的！"

这位选手说完便走下了讲台。但是，他的离开并没有影响到这次比赛的顺利进行。在这场比赛中，有人获得了荣誉，有人锻炼了自己。

比赛结束后，演讲家找到那个因为生气而拒绝比赛的男孩，对他说：

“你不要因为觉得不公平而生气争执，你想过没有，第一个演讲往往最能吸引评委的注意，而预留的时间少则是锻炼自己思维和语言组织能力的绝好机会。”

听了演讲家的话，男孩羞愧地低下了头，意识到了自己的冲动与无知。

在生活中，总会出现一些不如意的状况，这些情况有时候会让人抓狂、让人愤怒，也会让人很自然地与他人产生争执。但是，争执又有什么用呢？如果自己只是一块平淡无奇的生铁，那么抱怨、争执都是徒劳的，因为自己的价值仍没有被认可。当把自己淬炼成精钢以后，估计也不会再争执了，因为这正是对无欲则刚的最好诠释。

04　最大的遗憾是把遗憾一直挂在嘴边

事实上，很多人都没有认识到，一个人最大的遗憾就是一直把遗憾挂在嘴边。

人生在世，很多人都在追求一种境界，那就是了无遗憾，但这明显是一种无法达成的目标。失败的人最愿意谈论的事情就是“想当初”，因为这样可以让人觉得自己曾那么近距离地接触到了幸福。事实上，这种人没有认识到，对于他来说，最大的遗憾就是一直把遗憾挂在嘴边。

不可否认，遗憾是我们生活的一部分。对待遗憾的方式大致分为三种。

第一种是悲观型的，这种人对于遗憾总是一副悲观懊恼的样子。经历过一个小小的失败，或者是因为一丁点的小事、一次不起眼的疏忽，他就感觉到了生命的欠缺，然后就在这种欠缺下抱怨不休。

第二种是“冷血型”。面对失误甚至是错误，他们的反应往往走向另一个极端。他们仿佛是看破一切红尘俗事的大师，认为人的生活就是吃饭穿衣、生老病死。这种人的生活往往没有固定的目标，生活中也鲜有激情，仿佛这个世界与他无关。

那究竟应该以一种什么样的态度来对待遗憾呢？最好的处理态度应该是“乐观型”。面对人生中无可避免的遗憾，如果只是悲观绝望，人的一生将会在重大压力下举步维艰。但是，如果将过往的遗憾看成一笔财富，并从中发现造成遗憾的原因，就能够从遗憾中发现闪光的部分。

有这样一个故事，一位爱好武术的少年因为一次意外事故丧失了左臂。虽然他依然渴望练习武术，但是几乎所有的教练都不愿意教他，因为没有左臂的人想练武几乎是痴人说梦。

这个少年就一直找，希望能够找到一个愿意教他的教练。直到有一天，他遇到一名很少收徒弟的教练，教练见他心意很诚，便决定收他为徒。除了基本功之外，他的教练只教他一个动作，并且让他每天都重复训练这一个动作。

少年很不理解，就问教练什么时候才能让他学习新的动作。

教练只是微笑着说：“你先努力把这个动作练好。”

直到有一天，教练告诉他出去比赛，少年有些发愣：“可是我只会这一个动作呀。”教练说：“没事，你就用这一招就行。”在比赛中，他就使用这一招连连过关，最终赢得了冠军。

他大惑不解，就跑过去问教练其中的缘由。教练回答道："因为你的对手如果要破你这招动作，唯一的办法就是紧紧抓住你的左臂。"

身体上的遗憾对于少年来讲是已经存在的现实。我们可以说教练懂得因材施教，但他这样做的前提就是少年敢于正视自己的遗憾，敢于将这种遗憾变成别人得不到的财富。

由此可见，遗憾与美好是相伴相生的，当遗憾过后，往往会催生出新的力量。试想一下，如果生活在一个没有遗憾的世界，那人们还能感受到幸福和成功吗？没有遗憾的衬托，那美好又从哪里体现呢？

在大学同学的一次聚会上，大家都喝了很多酒。借着酒意，一个女孩对男孩说："你知道吗？其实在上大学的时候我就特别喜欢你。"男孩一愣，他接着说："其实我也很喜欢你，但是一直也没有说。""那你为什么不说呢？""你那时那么优秀、那么可爱，我想等你长大。""那你为什么不陪我长大呢？"当时男孩就泪如雨下，因为这个女孩现在已经准备结婚了。

错过是一种遗憾，但是没有说出更是一种遗憾。生活不是电视剧，可以预知其中的结局。现实就是如此，如果不尽快采取行动，那就会错过很多，留下无尽的遗憾。很多事情在懂得珍惜以后，却往往成了往事。人生就是一列单行列车，没有人能在时光逝去之后从头再来。对于已经经历过的遗憾，努力向前，将遗憾化做前行的动力，是调节心绪的法则，也是最后能成大事的一个重要法则。

一个老人买了一个精美的花瓶，并用绳子捆好背着回家。路上绳子断了，花瓶掉在一块石头上碎了。老人头也不回地继续前行。

一个路过的少年喊住老人，问他："你不知道花瓶破碎了吗？"

老人回答："我知道。"

少年又问："那你为什么不回头看看？"

老人说："已经碎了，回头看又有什么用呢？"

有一个成语叫覆水难收，人生中很多遗憾就像一个破碎的花瓶，不管采取什么样的补救措施，都已经无法改变它已经破碎的事实。人生之路是不可逆转的，当一个人不再为过去发生的事情而后悔，不再为过去的遗憾而痛苦的时候，将会得到前所未有的快乐和满足。

第四章

恰当的表达需要克制

自古以来，人们最难管住的身体器官就是嘴。

通过一张嘴，一个人的本性很快就会显现。

一个成大事的人，首先要做的不是迈得开腿，而是管住自己的嘴。

知道什么话该说，什么话不该说，也知道什么是恰当的语言表达方式。

01 时间是解决误会最好的办法

很多时候，自己一不小心便会被他人误会，急于澄清都让误会加深。这时，不如冷却误会，给彼此时间，让误会慢慢化解。

人生活在社会之中，免不了要和各种各样的人进行交往，而交往的过程中很难让每个人都满意，这就是误会产生的根源。生活中的误会有很多种，产生误会以后，人们最常见的状态就是拼命地去解释，可是结果往往事与愿违。其中的缘由很简单，人们现在已经越来越习惯相信自己的眼睛，而不是对方解释的言语。事实上，想要消除误会的方式有很多，其中就有一种武器叫做时间。

消除误会的最好方式就是让真相大白，但是发现真相的过程往往不那么顺利，或者说当时并没有办法让对方去了解事实的真相，这就需要时间的力量。还有一种情况，很多人发现当初费力解释的话随着时间的流逝已经变得不再重要，而当初的误会也已经不能算做误会了。

在一座山上有一个石碑，这个石碑讲述着这样一个故事。

一位远方而来的旅行者途经这个地方的时候，在这座山上看见了一只老虎。当他将这件事情告诉周围的人时，并没有任何人相信他，因为在这座山上从来就没有发现过老虎，甚至在周围的山上也没有发现过。

这位旅行者坚持说自己看到了老虎，并且是一只高大威猛的老虎。可是无论他描述得多么形象，还是没有人相信他看到的是一只真正的老虎。到最后，无奈的他只好说："我带你们上山吧，如果能够看到真老虎，你们总该相信我吧。"于是，真的有人跟随这个旅行者上了山，可是漫山遍野找遍以后，依然没有任何老虎的踪迹，甚至看不到老虎活动的迹象。跟着他一起去的人对旅行者说："你一定是看花了眼。你最好还是不要说自己确实看到了老虎，否则人们会说你是从远处来的最会撒谎的骗子。"

旅行者十分气愤，觉得自己明明看到了一只老虎，怎么会没有人相信自己呢？在接下来的日子里，他甚至取消了自己的旅行计划，为了证明自己没有说谎，他逢人便说自己遇到了老虎。可是到了最后，人们不仅没有相信他的话，而且看见他就躲得远远的。私底下，人们还议论纷纷，说这个旅行者已经疯了。

旅行者怎么也想不通，他发誓一定要让人们消除对自己的误解，证明自己的诚实。不久以后，他买了一支猎枪。他要找到那只老虎，并且把那只老虎打死带回来，目的就是向所有的人证明，他没有说谎。

可是他一去就再也没有回来。几天之后，人们发现了早已被猛兽撕碎的衣服和一支猎枪。经过当地医官的验证，这位旅行者确确实实是被一只老虎吃掉的。旅行者的确没有说谎，但是等人们消除对他的误解的时候，他已经看不到了。

在实际生活中，很多人都急于向别人证明自己，这种着急的心态就像旅行者急于向人证明他发现了老虎一样。山上有老虎的事实总会因时间的流逝而被人接受，如果不那么着急地寻找解释的理由，任凭时间裁决最后的争议，那位旅行者定能获得胜算。

一个人重视自己在他人心目中的形象，看重别人对自己的评价并没有错，但是如果过度重视则会给自己带来无尽的烦恼。因为人们对一个人的评价永远不会像一个平面镜那样直白和客观，反而像一面多棱镜，总会有照不见的地方。

果园里有一株无花果，其周围是一片花生。无花果看到地里的花生光开花不结果，就十分看不起它。花生看到无花果虽然枝头上挂着些青蛋蛋，但并没开花，就认为那青蛋蛋或许就是毒瘤，于是它也很蔑视无花果！它们经常吵架，互相辱骂。

到了秋天，一名老师带着学生来到果园，开始对学生讲解：无花果并非不开花，而是它开出的花是淡红色的，隐藏在囊状的托内，非常地隐蔽，很难被人发觉，而花生的果子在地底……

无花果和花生互相看着对方，再也不互相嘲讽了。

产生误解的情况很多，但是消除误解往往显得并不是那么容易。如果一时半会无法取得他人谅解，那么就把一切交给时间吧。谎言和误解都经不起时间的洗礼，一个有耐心的人将会赢得更多的尊重。

02　抱怨对解决问题于事无补

抱怨除了让自己更加愤怒之外，实质上并不能让事情变得更好，有时候反而会变得更坏。

这是一个讲究生活质量的时代，高质量的生活评判标准除了最基本的物质需求以外，最重要的当属心灵是否富足，而一个富足人生最重要的特征之一就是不抱怨。人有欲望，也就意味着人很难满足，而一旦产生了不满足的心态，随之而来的就是抱怨。

抱怨有很多种方式，其中最为常见的当属口头上的抱怨。一些人为了逞一时的口舌之快，往往大发牢骚。事实上，抱怨是最消耗能量又最无益的一种举动。

有一位年轻的农夫，他划着小船从一个村子向另一个村子的居民运送自己家的农产品。此时天色已晚，尤其是在夏季，酷暑难耐，农夫心里十分地急躁，希望早点完成运送任务后回家。

正在农夫快速划船的时候，突然发现了另外一只小船正顺河而下，迎面朝自己驶来。这是一条很狭窄的河道，眼见两只船就要相撞了，但是那只船并没有丝毫避让的意思，似乎是有意想要撞翻农夫的小船。

“让开，快点让开！你这个白痴！”农夫大声地向对面的船吼道，希望对方能够听到自己的声音，“再不让开你就要撞上我了！”但农夫的吼叫好像并没有起到多大作用。尽管农夫手忙脚乱地企图让开水道，但那只船还是重重地撞上了他的小船。此时的农夫被彻底激怒了，他歇斯底里地向那艘船吼道：“你会不会驾船呀，我都为你让开了，你竟然还是撞到了我的船上！”当农夫再次仔细审视那条小船时，他吃惊地发现，小船上空无一人。这只是一只挣脱了绳索、顺河漂流的空船，而他刚才的大喊大叫、厉声责骂压根儿就没有人听。

习惯抱怨的人不见得不善良，但他们是最不受欢迎的群体。抱怨者认为自己经历的事情是世界上最不公平的事情，但是他们忘记了听他们抱怨的人也可能或者正在经历同样的伤痛。一个总是抱怨的人等于是往自己的鞋子里倒水，最终只能让自己的路更加难走。世间有很多东西是毫无价值的，抱怨就是其中的一种。

神话世界里，骄傲的孔雀向神后朱诺抱怨说：“尊敬的神后陛下，我不是来无理取闹的，当初您赐给我的歌喉，没有任何人喜欢听。可您看那娇小的黄莺，人们称它为小精灵，唱出的歌声婉转动听。它独占春光，深受人们的喜爱。”

朱诺听到如此言语，不由得大怒，严厉地批评道：“我希望你能赶紧住嘴，不要让妒忌充斥了你小小的内心。你可以仔细看看你脖子四周，它是那样的美丽。当你开始行走时，你的周围有多少人注视着你华丽的外衣。你已经是如此美丽了，你还好意思去忌妒黄莺的歌声吗？每个动物都有着独一无二的特点，一种动物不可能具备世界上所有动物的优点。我赐给每个动物不同的天赋，有的天生长得高大威猛，有的如鹰一样勇敢，有的如雀一样敏捷，乌鸦则可以预告未来之声。大家彼此相容，各司其职，这样整个动物界才能平安相处。所以，我告诉你最好不要再过来抱怨，不然的话，作为惩罚，你那些美丽的羽毛也都将失去。”

要想自己的生活变得有质量，抱怨的话最好要杜绝。没有一件事情是完美的，无论人怎么努力，抱怨的人总是能够找到不满意的理由，而每天生活在抱怨之中的人很少去想想这样的抱怨有没有道理。

世上本来就没有十全十美的事情，生活本就是这样。一个人之所以明智，是因为他知道自己的不完美。一个注重生活质量和品位的人永远不会抱怨自己所处的环境有多么差、自己的生活有多么的不如意。

03　能够辩解的事情往往不用辩解

当一个人只是想着去辩解的话，其实就是犯了执念的错误，最终不仅达不到自己想要的目的，还会让自己痛苦不堪。

人人都在说话，目的就是为了能够让别人听到自己的声音。遇到委屈的时候，人们总是习惯性地去辩解，试图去证明自己的清白，但最后的结果通常就像人们所说的那样，往往越抹越黑。

费力不讨好有很多方式，其中有一种就是执着于辩解。“辩”字的中间是言，也就意味着需要不停地说，而生活常识告诉我们：言多必失。

在一个古老的禅院里，有一位德高望重的禅师，人们都说他是位纯洁的圣者。而在寺院的附近有一对夫妇，他们开了一家布店，家里还有一个非常漂亮的女儿。但是没过多久，卖布的夫妇发现还没有谈婚论嫁的女儿的肚子无缘无故地大了起来。

这件事让夫妇两个人很是懊恼，于是开始追问孩子的由来。女孩起初不肯说出对方的名字，但再三逼问之后，她说出了禅师的名字。

卖布的夫妇怒不可遏地去找禅师理论。禅师只说了一句话："就是这样吗？"于是孩子生下来以后就被送到了寺庙由禅师照顾。此时，大师的名誉已经扫地，很多人见到大师都慌忙退让，但是他并不介意，向邻舍乞求婴儿所需的奶水和其他用品，非常细心地照顾孩子。

一年以后，这位还没有结婚的妈妈再也忍不住了，向自己的父母吐露了真情——孩子的亲生父亲是一名邻村的青年。

这对夫妇立即将女儿带到大师那里，向大师道歉并请求原谅。此时的大师还是非常地平静，只是在叫唤孩子的时候轻声说道："就是这样吗？"

对于大师来说，自己莫名其妙地有了孩子，而且名誉扫地，是一件多么令人懊恼的事啊！但是，他并没有着急去争辩。这是一种超然的态度，也是一种生活的智慧。假如当时大师据理力争，恐怕一时也难以解释清楚。

在当今瞬息变化的社会中，有一种新闻叫做谣言。对于这些事情，有人选择一笑了之，觉得既然是谣言，也就没有必要解释，时间久了自然会不攻自破。而有的人就非常在意，利用一切时间来与众人的推测进行搏斗，把自己折腾得够呛，而围观的群众丝毫没有散去的迹象。鲁迅曾经说过这样一句话："最高的轻蔑是无言，有时候连眼珠也不转一下。"

事实就是如此，老子说柔弱胜刚强是很有道理的，选择不去辩解，选择忍让不是一种软弱，而是一种强大的力量，这种力量不是通过暴力而是通过感化让人打心眼里产生敬佩。所有成大事的人在性格中都会有一个共同点，那就是沉得住气。如果闻风便是雨，总是将有限的精力浪费到无限的争辩之中，那他还有多少时间来做自己要做的事情呢？

汉代的公孙弘是一代名相，他自幼生活在一个贫困的家庭之中，最后凭借自己的努力成为宰相。公孙弘的生活十分俭朴，每顿饭只有一个荤菜，睡觉时盖的是普通的棉被。这件事被同朝的另一个大臣汲黯知道后，他就向皇帝参了公孙弘一本。汲黯认为公孙弘已位列三公，朝廷发给的俸禄亦非常可观，但是只盖普通的棉被，生活水准和普通老百姓一样，就是故意借此来获取自己清廉的名声。

于是皇帝就在一次朝会上问公孙弘："汲黯所说的都是事实吗？"公孙弘非常平静地说道："汲黯所说的都是事实。在满朝的大臣中，他与我关系最好，也是最了解我的人。今天他能够当着大家的面指责我，正中我要害。我位列三公却只盖棉被，把自己的生活水准同百姓一样，确实是故意装清廉以沽名钓誉。如果不是汲黯忠心耿耿，陛下怎么能听到对我的这种批评呢？"汉武帝听了公孙弘的这一番话，并不认为他这种行为是一种沽名钓誉，反而觉得他为人谦让，越发尊重他了。

面对汲黯的指责和汉武帝的询问，公孙弘并没有选择为自己辩解，而是全部予以承认，这其实是一种非常高明和睿智的应对策略。当别人已经向皇帝报告公孙弘沽名钓誉的时候，无论此时的他怎么辩解，皇帝都会有一种先入为主的感觉，会认为他的解释依然是在沽名钓誉，而公孙弘深知这样的指责会给他带来什么样的灾难。他承认自己是在使诈，实际上是在表明自己至少在皇帝面前没使诈，这样反而容易获得皇帝的好感。

此外还有一点高明之处就是，公孙弘对于指责他的汲黯大加赞赏，这样就给皇帝和同僚以及对手留下了宽宏大量的印象。如此，公孙弘就用不着去辩解自己是否真的在沽名钓誉了，因为这并不是一种政治野心，对皇帝和同僚都没有任何伤害。这样一来，公孙弘就从辩解的怪圈中脱离了出来。

以退为进，以不辩解达到辩解的目的，这是一种大智慧，也是想要达到成功的一项重要法则。当别人还在将时间浪费在喋喋不休的辩解中时，有些人却已经悄然离去，踏上了通往成功的路程。

第五章

世事纷扰繁杂，逃离不如直面

世事纷扰繁杂，既然无法逃离，那就直面相对。

不计较得失，对人生保留一份宽容；不在意胜负，为自己开阔一方天地。

相信世间一切都是最好的安排，你便会拥有直面一切的勇气。

01 简单人生，不因计较而生气

当一个人习惯性算计或习惯性想太多时，生活就会变得异常沉重。

生活中，我们常常会遇到这样一类人，他们有着极为发达的计算能力。他们知道哪家副食店的东西便宜，知道哪家餐厅给的菜量足。人们对这一类人有一个统一的称呼——“会过日子的人”。按理说，这样的人应该生活得比较自在和如意，但事实上，这类人生活得并不幸福，也很少有成大事者。究其原因，是因为他们将自己的生活想得太过复杂。恰恰是那些做事不计较、有所为有所不为的人通常会生活得比较快乐和富足。

人人都希望自己能够在生活中收放自如，但这需要智慧才能够实现。

苏格拉底曾被誉为世界上最聪明的人之一，他在生活中处处体现出智慧的光芒。在他还是单身时，他和几个朋友一起挤在狭小的屋子里，夜晚睡觉时连转个身都非常困难，但苏格拉底总是很开心。被人问及原因，他说朋友们在一起可以随时交换思想，交流感情，是一件很快乐的事情。后来，他的朋友先后都成了家，搬离了那个小屋子，只剩下苏格拉底一个人，但他每天还是很快乐。大家不明白苏格拉底一个人孤孤单单的还有什么可快乐的。但他却说："朋友们都走了，我就可以安静地看书了。一本书就是一个老师，每天都能向它们请教，难道不是一件很快乐的事情吗？"

几年以后，苏格拉底也成了家。当时他住在一个小楼的最底层，应该属于最差的地方，不仅安全得不到保障，卫生状况也很让人担心。但是，苏格拉底依然很开心，坚持认为住在一楼有诸多好处，比如进门就是家，不用爬楼梯，搬东西比较方便等等。一年以后，因为住在顶楼的一个人腿脚出了一点问题，苏格拉底就和他调换了位置，住到了楼房的最高层。同样，他一样觉得很开心，按照苏格拉底的解释：爬楼梯可以锻炼身体，住在高层光线好，没有他人打扰的情况下可以很安静地看书写文章等。

后来苏格拉底成为大学问家，一个人向他的得意门生柏拉图询问如何才能获得快乐，柏拉图回答说："决定一个人心情的，不在于环境，而在于心境。"快乐不是因为拥有得多，而是因为计较得少。因为一旦计较得过多，总会遇到不如意的情况，而这样就很容易心生怨气，很容易分心，导致最后无法专注于创业。

小娟是一位都市白领，高学历、高收入，人长得也很漂亮。在别人的眼中，她的一切都是那样地完美，让人羡慕。

上班的时候，她会用不同的着装风格来打扮自己。在众多赞扬声中，她却总是认为自己不够完美，虚荣心也越发地膨胀。为了让自己看起来更加光彩夺目，她开始购置名牌皮包、高档化妆品……甚至因为有人说她鼻子不够完美而去做整形手术。周围的赞扬越来越多，但是她却一天比一天不快乐。

在和朋友的聊天中，她也知道自己生活得很累。别人关注的只是她光鲜的外面，从来不会在意她疲惫的内心。她曾经试图让自己的生活变得简单，但是她又实在无法舍弃别人的赞誉。

由于内心的负担过重，原本很漂亮的她变得很憔悴，对生活也逐渐失去了乐趣，时常唉声叹气，甚至有些悲观厌世了……

小娟的生活原本可以过得很简单、很快乐，但是由于她把自己的生活折腾得复杂无比，最终动气伤身。太多的想法犹如心头的一座火山，累积到一定程度后就很可能伤人伤己。不要想那么多，让自己的生活变得简单，这样才能体会到生活的真谛。

一个渴望成功的人一定懂得将事情变得简单、不要计较太多的道理。美国作家梭罗曾说过："我们的生命都在芝麻绿豆般的小事中虚度，如果没有值得努力的目标，一生也就这样匆匆过去了……"

生活中确实有很多小事让人感到苦恼和无奈。如果一个人抓住这些小事紧紧不放的话，那么就在无形中夸大了小事的重要性，同时加重了自己内心的负担。

02 看淡胜负之争，战胜自己胜过一切

人生的事有很多，看淡些，胜负其实没有那么重要。

人生是一个过程而不是一个结果，不一定要分出最后的胜负输赢。每个人都有着与他人不同的人生历程，只要做好自己，成为自己的英雄即可。但是在大多数人的心目中，胜负输赢却关系十分重大，甚至变成人生中最重要的事情之一。这其实就是一种赌气的态度，世界是缤纷多彩的，就像美丽的阿尔卑斯山一样，我们的一生就好像在阿尔卑斯山上旅行，有很多人乘汽车匆匆忙忙地过去，没有时间回一回头，或者把脚步放慢些，从而失去了一道道美丽的风景，剩下的只有匆忙和紧张、忙碌和忧愁。

在生命的过程中，我们不断参与着一场又一场的较量，计较着一次又一次的输赢，但是在生命终结的时候，最终还是两手空空地离开这个世界。所以对于任何一个人来说，一定要用一种良好的心态去看待输赢。生活中没有所谓真正的输赢，一个人总能找到自己赢的一面，也总能找到自己输的一面。

在某市举行的残疾人运动会比赛中，竞争很激烈。在女子 1500 米赛跑项目预赛中，有两位选手显得格外突出。

最后，有 4 名选手进入到最终决赛。决赛开始，其中两名实力最强的选手很快将其他人抛在了后面。最后一百米冲刺的时候，这两名选手

几乎是比肩齐步，都在拼尽全力跑赢对方。就在这时，稍微落后的那个女孩不小心绊倒了。按照正常的比赛节奏，这等于把另一名选手送上了冠军台。

但这次比赛却大大出乎了人们的意料。领先的选手停了下来，并折回去扶起她的对手，为她拂去膝盖和衣服上的泥土。此时，另外两个女孩子也和前一个女孩一样，4 名决赛选手肩并肩走完了剩余的路程。

在绝大多数人的眼中，参加比赛的目的就是赢得最后的胜利，因为那是一种无上的荣耀。在这种情况下，领先的对手放弃了唾手可得的赢家身份，但也正是这种举动让她得到了更大的尊重，也体现了真正的体育精神。

人生不一定非要用胜负成败来衡量，希望获得最后的胜利是一种欲望，也是一把锁链，它会让人看不到真实的世界，只会想到最后的结果。当为了最后的结果打得不可开交的时候，输赢还真的那么重要吗？

一位拳击高手在一次比赛中自以为能够稳操胜券，取得最后的胜利，但是结果却出乎意料。在最后的决赛中，他遇到了一个实力很强的选手。在比赛的过程中，这位拳击高手一直找不到对方招式中的破绽，而对手却总是能找到他的破绽。

比赛的结果可想而知，这个拳击高手最终没能拿到自己想要的冠军。于是拳击高手找到自己的师傅，一招一式地将对方和他之间的比赛过程展示给师傅看，并恳求师傅帮他找出对方招式中的破绽。按照拳击手的想法，只要能够苦练出足以攻克对方的新招数，在下次比赛中就一定能够打倒对方，夺取冠军奖杯。

拳击手的师傅并没有给他分析具体的招式动作，而是在地上画了一道线，要他在不擦掉这条线的情况下把这条线变短。

拳击手愣住了，这怎么能够办得到呢？最后，他无可奈何地向师傅请教其中的方法。师傅笑了笑，说："你在这条线的旁边画上一条更长的线试试。取得胜负的关键不在于找到对方的弱点，而是寻找一条更长的线。拳击的目的不是为了争强好胜，而是在搏击中感受生命的强度和宽度。当你的眼睛不再只盯着那一条短短的胜负线时，你才能让自己变得更加强大，才能真正赢得对手的尊重。"

人们渴望凡事都能够有一个结果，都能分出胜负，这是十分狭隘的。人生的路很长，输赢可能只是其中的一段路或者极短的一段时间，在其余的绝大部分时间，人们还是过着平淡的生活。

总渴望争输赢的人一定要把握好其中的度，在一定尺度之内，争输赢可以让人觉得是有进取心的体现，但是将输赢得失上升到一定的高度，那么这个人身上则会散发出一种戾气，这种戾气就是得失心太重所导致的。人生的路很长，慢下来，学会欣赏这个世界；人生的事很多，看淡些，胜负没有那么重要。

03　如何向上，唯有放下

人生是一个不断追求、不断放下的过程。得不到的东西，再追求，除了累己，也会累人。

人之所以会心累，就是因为常常徘徊在坚持和放弃之间，举棋不定。生活中总会有一些值得我们记住的东西，也有一些必须要放弃的东西。放弃与坚持，是每个人面对人生问题的一种态度。勇于放弃是一种大气，敢于坚持何尝不是一种勇气。孰是孰非，谁能说得清、道得明呢？如果我们能懂得取舍，能做到坚持该坚持的、放弃该放弃的，那该有多好。

佛经上说："如何向上，唯有放下。"人生亦是如此，想要活得轻松，就必须学会放下，学会坦然面对世事。

正所谓"提起千斤重，放下二两轻"。放下，是一种解脱，是一种顿悟，是一种从容洒脱的心态；放下，有时还是一种气度，是一种风范，是一种从容不迫的智慧。一个人只有学会放下，心灵才能得到轻松、得到快乐，才会有更多的空间来装填其他必要的东西。

"有缘即住无缘去，一任清风送白云。"人生有所求，求而得之，我之所喜；求而不得，我亦无忧。若如此，人生哪里还会有什么烦恼可言？苦乐随缘，得失随缘，以"入世"的态度去耕耘，以"出世"的态度去收获，这就是随缘人生的最高境界。

人之所以不幸福，就是没有知足心。每个人对幸福的感觉和要求都不相同，一个容易满足、懂得知足的人才更容易得到幸福。曾经看到过这样一句话："幸福就如一座金字塔，是有很多层次的，越往上幸福越少，得到幸福相对就越难。越是在底层越是容易感到幸福；越是从底层跨越的层次多，其幸福感就越强烈。"幸福其实就是一种期盼，是一种心灵的感受，只要我们用心去发现，用心去感受，就会发现幸福就在我们身边，只是这样的幸福常常被我们忽略。

有一个年轻人准备做一次长途旅行。出发之前，他查看各种攻略，把一切能够想到的东西都带上了。于是，出发的时候，这个年轻人背了一个沉重的背包，里面塞满了各种各样的东西，比如食品、切割工具、衣服、指南针、药品等。看到这些东西，年轻人觉得非常满意，他认为这次旅行已经做到万无一失了。

一位智者看到这位气喘吁吁的年轻人，在检查完他的背包之后，问了一句："这些东西让你感到快乐和轻松吗？"年轻人有些发愣，这是他从来没有想过的问题。他开始问自己，也开始检查背包里的东西，结果发现，有些东西的确让他很快乐和安全，但是有些东西在这次旅途中并没有多少实际用途。

于是，年轻人决定听从智者的告诫，舍弃了一些不必要的东西。因为背包变轻了，他感到自己身上的负担也没有那么重了，解放的双手也能体会到旅程中的方便与惬意，旅行变得更愉快了。

这个年轻人就是真正聪明的人，因为他懂得放弃。他放弃了沉重，获得了轻松；放弃了束缚，获得了愉快。

有人说："得不到的东西永远是最美丽的。"既然明知不可能得到，又何必为此朝思暮想呢？不如面对现实，彻底把它放弃，同时也给自己一个追求新目标的机会。“为伊消得人憔悴”，是否真的能够做到“衣带渐宽终不悔”呢？不如把这份美丽长存心中，好好珍惜和享受一些已经拥有的美丽。人生如果不懂得放弃不属于自己的东西，就不会珍惜身边的美好并拥有它，就会弄得想要的追求不到，本来拥有的也失去了，终将变得一无所有。不过于强求，任其自然，往往在不经意间就能找到真正适合自己和属于自己的东西。

04 那些失去的，就让它留在回忆里

面对已经失去的东西，我们唯一能够做的就是坦然接受已经失去的事实。

如果从得失的角度去看，有些道理都已经被人说得烂俗了。其实，当失去的时候，我们完全可以用一种新的方式来让自己距离成功更近一步。

一个人的欲望是无穷尽的，但双手能握住的部分却是极其有限的。当一个人不断纠结于已经丢失的部分时，将会失去更多。

很多人将淡忘理解为遗忘，这其实是一种误解。事情一旦经历，想要毫无痕迹地抹去，基本上是一种妄想。学会淡忘，是要求人要有正确处理失败的理智心态。在很多时候，淡忘并不意味着若无其事，而是将这种情感当做生命中所经历过的一部分，与本身自然融合。

小李曾经有一个幸福美满的家庭，她的丈夫是他大学时期的恋人，

两人在毕业后很自然地组建起自己的小家庭，一切看着都是那样美好。

然而，一场突如其来的车祸将这一切化为了泡影，小李的丈夫在一场交通事故中失去了生命。父母失去了儿子，妻子失去了丈夫。小李一度十分伤心，茶饭不思。虽然人们也有“节哀顺变、人死不能复生”的劝慰之语，但是小李还是无法从悲伤中解脱出来。

有一天，小李来到他俩曾经约会的公园。看到在公园嬉笑玩闹的孩童，小李不禁悲从心生。一个小女孩看到小李，稚声问道：“阿姨怎么了？是谁欺负你了吗？”小李假装乐观地说：“没有呀，只是把一样东西丢了。”“那赶紧找回来呀。”“找不回来了。”“嗯，那重新买一个吧’”“世上只有一个，买不回了。”小李苦笑着回答。“那……那我把我的这个玩具送给你吧，这样阿姨就不会想那个丢失的东西了。”

接过小女孩的玩具，小李陷入了沉思。她想到的不仅是陌生人对她的关心，还有小女孩对待事物的态度。没有什么是一定属于自己的，就像这手里的玩具，两分钟前还属于那个小女孩，而现在却在她的手里。而她的丈夫在认识他之前也不属于她，即便是在一起的时候，两个人谁也不是谁的附属物。丈夫意外去世以后，她自己的生活依然要继续，就像当初没有遇见过他一样。

此后的小李就像换了一个人，虽然偶尔脸上还是会有些许的愁苦，但是笑容明显开始变多了，一个充满活力与自信的小李重新出现在人们的面前。当人们问及原因的时候，她微笑着回答：“当一个道理从一个小女孩的口中说出的时候，我相信那绝对是真的。”

失去丈夫的小李如果不能从悲伤中转变过来，那很可能就会沦为现代社会里的“祥林嫂”。讲道理的时候，人人都是哲学家，而在实际生活中，真正能够按照书本上做的又能有几个呢？

没有人能永葆青春，也没有人能在美梦中永远不醒。当失去的东西渐渐远走，悲哀叹息又有什么作用。明知不可追而追之，结果只能是徒劳无功。

美好的东西就像指间的沙子，无论怎样用力去握，都会慢慢遗漏。对于那些已经遗漏的沙子，千万不要想着再去捡起，那样你丢失的将会更多。很多看似刻骨铭心的痛，当你选择淡然面对时，就会发现真的没有那么艰难。

一位德国作家兼心理医生曾经被关在集中营，可想而知那是怎样的一种生活状态。可正是在这样的环境中，他依然做出了很多有意义的研究。后来在一次采访中谈论起往事，他说："人所拥有的任何东西都可以被剥夺，唯独人性最后的自由不能被剥夺，正是这种不可剥夺的精神自由使得生命充满意义且有目的。那一刻我所受的一切苦难，从遥远的科学立场看来，全都变得客观起来，我就用这种方法超越了自己。在困厄的处境中，我把所有的痛苦与煎熬当成前尘往事，并加以观察，这样一来，我自己以及我所受的全部苦难都变成我手上一项有趣的心理学研究题目了。"

假使没有过人的忍耐力和排解能力，相信这个人很难有如此健康的心态。这种淡忘不是简单地将失去的东西一笔抹去，而是换个角度重新思考，而这种思考将会使他越发地接近成功的本质。

人有悲欢离合，月有阴晴圆缺。抱怨上天的不公平，指责别人对自己的伤害并不能让时光倒流，伤痕也不会因为愤怒而愈合。如果将个人的得失看得太重，那么就会陷入一张无形的大网之中无法自拔，等于自己给自己建造了一所心灵监狱。如果我们能够在失去时选择一份淡然，以一颗平常心去感受生活，就可以获得一份优雅美丽的心境和自由随性的生活状态。

第三篇——

高效的管理力：从杂乱到有序

其实，自我管理就是一个不断自我克服的过程，作为自我的主人，无论环境如何，管好自己是做人的义务。管好了自己的目标、管好了自己的言行、管好了自己的时间、管好了自己的习惯、管好了自己的情绪、管好了自己的心态，你就是自己真正的主人，你的人生就会由自己来掌控。

第一章

目标管理：明确一个方向

目标就是对于所期望成就的事业的真正决心，是对成功的一种渴望。

一个人如果没有目标，就很容易在人生的旅途上徘徊甚至迷失自己。

所以，我们一定要树立自己的目标，

并以自律作为实现目标的依托，一步步地朝着成功迈进。

01 成功的路上需要明确的目标

有自己的目标，在前进的道路中才不会偏离航向，更不会半途而废。一旦失去了目标，也就失去了斗志，终将走向失败。

古话说："欲行千里，先立其志。"这里所谓的"志"，就是人生的志向，也就是人生的目标。否则，漫无目的地走，最终只会误入歧途、一事无成。

所谓的目标，其实非常简单，就是你想要得到的东西。如果你非常想得到某件东西，就必须把它作为自己坚定的目标。在我们满心渴望地追求一个目标时，会触发许多与目标相关的事件，有些事件看起来微不足道，但如果我们处理得不好，就可能会偏离自己的目标。这就像打电动游戏一样，最终的目标是打倒终极怪物，为了实现这一目标，你需要不断升级、获取装备……只要有一件事情没处理好，就无法获得最后的胜利。

有了目标之后，就会激发起人的成功欲望。这种欲望可以激发我们的自律精神，因为当我们把行动和心中的目标联系在一起时，总是会有更优秀的自制力，不被外界的困扰所迷惑。

拿破仑·希尔认为，支撑人类生存和发展的一个重要因素就是欲望。只有那些拥有欲望的人才会产生不断奋斗的勇气和决心。松下幸之助曾经说过："如果你想成功，最重要的就是要有想去完成那件事的强烈欲望。心里一直想着不完成它绝不罢休，事情可以说已成功了一半。有了这种积极的成功欲望，一定能想出完成这件事的手段或方法。"这段话道出了一个亘古不变的成功法则：强烈的需求心从来都是推动人们成就事业的巨大力量。

人仅仅拥有一般的欲望是不够的，要成功就必须拥有和保持强烈的成功欲望。比如，如果你真的十分希望拥有财富，那么你就应该具有发财致富的欲望，进而使这种欲望充满你的大脑。所有梦想做出一番事业和傲人成就的人都要将目标牢牢记在心中，时刻鞭策自己，只有这样，成功才会在某一天降临。

对于所有人而言，内在的精神是促使自己去实现目标的最大动力和积极因素。为什么失败者常常整日无所事事、虚度光阴？就是因为他们没有目标。没有目标，人就会迷失方向，开始漫无目的地徘徊，接受平庸的生活。

弗罗伦丝·查德威克是世界著名的女性游泳健将，也是世界上第一位成功横渡英吉利海峡的女性。

1952 年 7 月 4 日清晨，当时已经 34 岁的查德威克从卡塔林纳岛上出发，试图穿越茫茫的太平洋，到达 21 英里之外的美国加利福尼亚海岸。如果成功，她将创造另一项世界纪录。

那天早上，大雾弥漫，她几乎看不到护送她的随从船队和人员。冰冷的海水冻得她浑身发麻，她咬紧牙关坚持着，时间一小时一小时地过去，成千上万的观众在电视前看着她，为她呐喊加油。

大约过了 15 个小时，她感到疲惫不堪，又冷又累，快要坚持不住了，于是呼喊着让人拉她上船。这时，她的母亲在船上告诉她，现在离加利福尼亚海岸已经很近了，千万不要放弃。可是，她朝前面望去，除了浓雾还是浓雾。又坚持游了半个多小时之后，她筋疲力尽，随从的保护人员终于把她拉上了船。

浓雾散去之后，她才知道，自己上船的地方离海岸仅有半英里的距离。

这是她长距离游泳生涯中唯一的一次失败。事后她对采访的记者说："说实在的，我不是为自己找借口，如果当时我能看见陆地，也许我能坚持下来。"

两个月之后，她成功地游过了这一曾经令她失败的海域。

这个故事揭示了目标的重要性，人若没有目标，就会失去斗志，更会失去约束自我的自律能力，最后终将走向失败。

人活在这个世界上总会受到各种事物的影响，外在环境也永远在变化，如果没有树立坚定而且明确的目标，就难以树立起自律能力，容易接受一些消极的影响。相反，那些拥有明确目标的人则不会轻易被改变，所以他们显得更加执着、更有意志，也更容易成功。

哈佛大学做了一个关于目标对人生影响的跟踪调查，对象是一群智商、情商、学历、环境等条件差不多的年轻人，调查结果发现，27%的人没有目标，60%的人目标模糊，10%的人有着清晰但比较短期的目标，3%的人有着清晰且长期的目标。

25年的研究结果表明，那3%有着清晰且长期目标的人，25年来几乎不曾更改过自己的人生目标，都朝着同一个方向不懈地努力，25年后，他们几乎都成了社会各界的顶尖成功人士。那10%有着清晰短期目标的人，大都生活在社会的中上层，他们的共同特点是：短期目标不断被达成，生活状态稳步上升，成为各行各业不可缺少的专业人士，如医生、律师、工程师等。那60%的模糊目标者几乎都生活在社会的中下层，他们能安稳地生活和工作，但都没有做出什么特别的成绩。剩下的27%是那些25年来都没有目标的人群，他们几乎都生活在社会的最底层。他们遭遇了失业的境遇，靠社会救济，并且常常抱怨他人、抱怨社会、抱怨世界。

哈佛大学的这个调查用事实证明了一个真理——没有目标的人生，最终会被命运抛弃。

对于每个人来说，要想实现自己的梦想，就必须时时将梦想放在心里，不要放弃每一个为了梦想而努力的瞬间，这是奋斗过程中不能缺少的一环。

事实上，人就是一种“目标动物”。正如亚里士多德说：“人是一种追寻目标的动物。”当初诺贝尔为了制造出炸药，不惜花费数年光阴、投入无数家资，并且不顾自己和亲人的生命安全，只为实现自己的目标，虽历经艰险，但最终还是成功了。李时珍为写《本草纲目》更是行万里路、读万卷书，放弃高官厚禄，付出数十载光阴，最后终于万古流芳。

爱因斯坦曾说："一个人只有以他全部的力量和精力致力于某一个事业时，才能成为一个真正的大师。"人若想有大成就，就必须有目标并专注于自己的目标。人生目标的确立，使人们在规划人生的同时可以更理性地思考自己的未来，只有确立了正确的目标，我们才可能到达想要的境界。

02　对目标择一而专

如果你树立多个目标，那么指引的这种力量将被分散，每个目标都会平等地获得这种力量的一小部分，从而使作用变小，甚至根本不会产生任何作用。

杂而不精和择一而专哪个更好？也许有人会说，杂而不精更好，因为这样的人了解的领域更全面，也有人说两者都没有最好，只有更好。但是经过自律的考量，我们要说的是，择一而专更好。

人生的目标不在于多少，而在于是否专一。有的人的目标繁杂不均，不知道该从何下手，虽然目标很多，但通过自己身体力行，达成的却寥寥无几。如果是这样的人，不管过了多久，等到我们回过头再去看的时候就会发现，其实他们一直在路上，一直在路的起点，永远都是在岔路口徘徊，不知道自己该走哪条路。

20世纪80年代，国内一位年仅16岁的花鸟鱼虫画家举办了个人画展。他的作品被选送到美国、法国等国展出，被世人称为“天才画家”，种种荣誉铺天盖地地向他涌来。但是，这位画家依然坚持自我，该如何作画还是如何作画，不为名利所动。

在一次画展上，有人走过来问画家：“你现在取得了这么大的成就，是什么样的力量让你从众多画家中脱颖而出呢？一路走来，你是不是感觉非常艰难？”

画家微笑着说：“其实一点儿都不难，在最开始时，我是很难成为画家的。当时，我父母非常希望我能全面发展，我不仅喜欢画画，还喜欢游泳、打篮球等，我也希望自己能全方面发展，而且各个方面都要有所成就。正在我迷茫、准备全面发展的时候，我的老师找到了我。”

画家继续说：“老师拿来一个漏斗和一把玉米种子，让我把手放到漏斗下面接着。老师先把一粒种子放到漏斗上，那粒种子很顺利地就滑落到我的手中了，如此再三，结果都是如此。老师又把一把玉米种子都放到了漏斗上，但是因为玉米种子相互拥挤，竟然一粒种子都没有滑落到我的手上。这时，我才知道，我的人生目标太多，反而会得不偿失，所以我必须找到一件自己最喜欢的事情，然后全身心地投入，这样我才能取得成功。为此，我放弃了篮球等诸多爱好，全身心地投入画画中来，最后才取得了今天这样的成就。”

故事中，画家的感悟不可谓不深刻。人生有太多的牵绊，年龄越大，牵绊越多，如果我们被众多不必要的目标所左右，那么我们的人生将会变得杂而不精，长此以往，就很难取得大的成就了。人们常说，心有多大，梦想的舞台就有多大，但我们需要的是专一的目标，如果目标太多，舞台的负重就会变大，很有可能承受不住，最后免不了出现倾塌覆灭的危险。

很多人会问：世上的路有千千万，哪一条才是属于自己的康庄大道呢？答案是，能够吸引到你的就是最好的。我们每个人的一生会走无数条路，但能够让我们记忆深刻的道路却只有几条，而这几条路，有的让我们获得了成功，有的则让我们失败了，但自己觉得尽力了就行。尽自己的全力去做一件事，就算失败了，我们也不会后悔。

在人生的千万条道路中，我们要找到真正适合自己的道路，这样才能发挥出自己的自律意识，让自己不断为之奋斗。你可以在这条路上尽情地奔跑，因为你的激情在这条路上永远不会消退，因为你将执着于自己的目标，它可以让对它感兴趣的人全身心地投入，永远不知疲倦。

有的人一辈子做了很多事，但是能让人记住的却一件也没有；有的人一辈子只做了一件事，却让人记忆犹新。成功者不是处处都比别人强，而是他们比其他人走对了几步路，而这几步路就是自律意识在起关键作用。

很多人总是习惯变换目标，今天确定的目标，明天就会产生怀疑、见异思迁，把自己刚刚确定下来的目标否决掉。有的人常常想，人生目标要慢慢找，欲速则不达，就这样一直找到了最后，纵然到了人生尽头，也没有找到属于自己的目标。目标要早早确立，我们在孩提时代就听老人们说过“三岁看小，七岁看老”。确立目标要趁早，奋斗更要趁早。没有目标的人生是可怕的，你将会像一叶浮萍一样，风雨的走向就成了你人生的方向，这样的人生是没有意义的。

专一的目标会带领我们走向成功，而在通往成功的路上，我们会感受到目标给我们带来的强大气场。我们都知道佛家以坐禅修身，而坐禅就是专一，要求心无杂念，如果心中想得太多、目标太多、尘世纷扰太多，就容易被影响，做不到心无旁骛。目标专一并不是一纸空谈，比如“杂交水稻之父”袁隆平、“两弹一星”功勋奖章获得者钱学森、万有引力的发现者牛顿等，他们正是因为有专一的目标，永远都在路上奋斗，最终成就了伟大的人生。

我们知道，成大事者不拘小节，但是成大事者更要学会摒弃次要的目标，抓住主要目标，因为主要目标对我们的影响是最强大的，而目标太多，反而会让我们的自律意识分散。因此，我们要做的就是抓住主要目标，舍弃次要目标，让所有的精神力量为自己的主要目标服务，这样目标才能离我们越来越近，而黎明的曙光也终将会到来。

03 目标多杈树分解法：将宽泛目标具体化

大目标是由许多个小目标组成的，需要一步一个脚印、一步一个台阶去完成它，才能最终实现大目标。

对于我们每一个人来说，只要能够正确地确立目标并积极地去实现它，就会获得成功的人生。其中“确立目标”可以说是相对容易的，最难的是实现目标。

很多人有着许多远大的理想，但最后却没有去实践，这是因为他们被庞大目标给击败了，实现目标所需要的勇气也被心中的恐惧击碎了，所以他们的目标很难实现。事实上，有很多目标看似很难实现，但是我们完全可以通过“目标多杈树分解法”来实现它们。

那么，什么是“目标多杈树分解法”呢？在回答这个问题之前，我们先来看一个故事。

在1984年的东京国际马拉松邀请赛中，日本人山田本一出人意料地获得了冠军。在记者招待会上，他说出了自己赢得比赛的秘诀，原来山田本一将马拉松全程分为好几个阶段，站在起点上时，他心里并不去想那漫长的数十公里路程该怎么坚持下去，而是只想着眼前这个阶段的不到1000米该如何跑完，这样一来，心理压力就降到了最低，发挥得也更出色了，最后终于赢得了冠军，这就是分阶段实现目标的好处。

在一个很大的目标面前，人们经常会因为目标的艰辛而感到失望，甚至怀疑自己有没有能力完成，自律性更是无从谈起。可是，当我们在一个小目标面前的时候，却总是会充满信心地实现它。当我们实现了每一个小目标，大目标距离我们也就不远了。

“目标多杈树分解法”就是将大目标科学分解为小目标的方法。“目标多杈树法”又叫“计划多杈树”，就是指用树干代表“大目标”，用每一根树枝代表“小目标”，用叶子代表现在就要去做的目标。这是一种很有条理的划分方法，能把一个个宽泛的目标分解成具体的目标，能够让我们更好地去工作。

那么，如何运用“目标多杈树分解法”呢？

将那些大目标写出来，然后问问自己：实现这些目标需要什么样的条件？然后列出实现目标的相关条件。而这些需要完成的条件就是我们达成这一目标之前必须实现的小目标。因此，每一个小目标都是大目标上的树杈。

紧接着再问问自己：要实现这些小目标的相关条件是什么？然后，写出实现每一个小目标所需要的“必要条件”与“充分条件”。这样一来，我们就会找到这些小目标上的“杈树”。依次类推，等画出所有的“树叶”，我们就算是完成了该目标的“多杈树”的分解。每一个目标到最后都可能被描绘成一棵枝繁叶茂的大树，所以一棵完整的“目标树”就是实现这一目标的具体行动计划。

检查“目标树”的分解是否具体，只需反过去从叶子到树枝，再到树干不断地去数，然后不断地问：如果这些小目标都实现了，那么这些大目标就一定会实现吗？如果“是”，那么就表示这个分解是正确具体的；如果是“否”，那么就表明所列的小目标还不够充分具体，需要继续补充被忽略的小目标。

目标多杈树分解法详细步骤如下：

（1）写出一个很大的目标。

（2）写出实现这一目标所有的“必要条件”和“充分条件”，再将这些条件作为小目标，即我们所说的第一层树杈。

（3）写出实现每一个小目标所需的“必要条件”和“充分条件”，这些条件就是我们所说的第二层树杈。

（4）如此类推，直到画出所有的树叶之时就表示实现了目标，这才算完成了这一目标。

（5）检查“多杈树”的分解是否具体，就应该不断检查，如果小目标都没有实现，那么大目标肯定实现不了。如果小目标都已完成，所列的条件已经足够充分，那么大目标也会实现。

（6）评估目标。所谓目标评估可以分为“目标合理性评估”与“计划可行性评估”两大类，这两种评估的核心就是对于目标大小的正确评估。

A. 评判标准之一：当目标被完全分解后，却发现在单位时间内无法完成“树叶”显示的工作量，那么就表明这一目标太大，还需要继续分解。

B. 评判标准之二：当目标被完全分解之后，发现在单位时间内可以轻易完成“树叶”显示的所有工作量，那么表明这一目标太小。

（7）判断目标能否实现。将目标“多杈树”分解完后，如果列出的条件全部是“必要条件”，那就表明即使这些小目标全部达成，大目标也不一定能够实现。如果列出的条件是“充分条件”，就算除了“必要条件外”还有充分的条件，那就表明只要小目标全部实现，这一大目标就一定能够实现。假如小目标全部实现了，但是大目标却不一定达成，那么则表明分解时忽略了其他辅助条件，这时候我们就应该立即予以补充，直到所有的条件完全充分为止。

运用目标多杈树分解法，我们可以将看似遥远的目标无限拉近。其实，每个人的成功都是他实现自己的人生目标（包括小目标或大目标、短期目标或长期目标）的全过程。无论多么恢宏的理想，也是一个个小目标的集合。就像打仗一样，不管你的战略构想有多么宏大，都要先去计划好一城一池的得失，如此，才是脚踏实地、贴近现实的有效奋斗。

04　有效计划：高效率达成目标的前提

做事要有计划，并学会合理安排时间，严格按照自己制订的计划行事，这样才能高效做事。

从实践看，树立目标总离不开 3 个步骤：第一个步骤是确定自己的目标；第二个步骤是制订实现目标的计划；第三个步骤是做出时间安排，确保计划的实现。

每一个人都应该树立自己的目标，为了实现人生目的，我们必须有计划地度过每一天。所以，有了目标之后还要学会计划，因为目标需要计划来实现。正所谓有人在计划成功，有人在计划失败，就是这个道理。

在职场中，有了计划，我们做工作时才会有方向和重点，工作起来才能有条理。作为一个必须十分注重时间管理的职业人士，为了拥有更多的时间，就必须养成制订计划的优良习惯。养成一个好习惯，会使我们每做一件事都效率攀升。

马肯基氏的调查报告显示，在计划上投入较多时间的人和没有投入很多时间的人相比，前者能够在非常短的时间内实现计划，而且效果非常不错。这表明有效的计划能成为高效利用时间的奠基石。有的人可能会抱怨自己总是没有时间制订计划，可以说这根本就是借口，这样的人别想得到预期的效果。马肯基氏对此提出了警告：“一流的企业员工做事必须在计划的指导下进行。我们与其紧张地工作，不如轻松地前进。花一点儿时间全部安排好计划，就能够让我们在行动过程中节省很多的时间。”

美国前总统罗斯福就是一个注重计划的人，他总是会把自己该做的事全部记录下来，然后去拟定一个整体的计划表，规定自己要在某些时间内做某些工作。正因如此，他总是按照自己的时间计划去做事情。通过他的日程表就可以看出，一天的时间被他安排得井井有条。等到该睡觉的时候，所有该做的事都完成了，他就可以放心地去睡大觉。

按照时间和内容，大体上可以将计划分为以下几类：日计划、周计划、月计划、季度计划、年度计划以及专项计划等。

1. 制订月计划

月计划一定要比周计划更加宏观。一般来说，月计划包括下一个月要去做的重要事项，因此月计划是一项相对长期的计划。一定要指出的是：月计划必须是与企业的目标以及部门在某一段时间内的工作内容紧密地联系在一起的。

例如，一个人在未来一个月内要完成一个目标，那么他可以把月目标分成 4 个周目标来实施。

通常来说，周计划必须遵从月计划，因为很多重要的工作不是在一周之内所能完成的，而是一个连续的过程。但任何计划都赶不上变化，谁也不可能预先制订出一个完美无缺的月计划。

2. 制订周计划

在做周计划之前，应对所有工作进行一次全面性的检查，然后再根据工作目标、月计划、工作日志、排定的活动、待办的事项等去安排周计划，这样才能安排好工作的优先顺序。

3. 制订日计划

为了确保按时完成计划，必须每日将计划写下来，这样做可以控制和利用好时间。

每日计划可以包含下列内容：

（1）当天目标，就是必须当日完成的工作。

（2）预留事项，预定的特别事项所应该准备的时间。

（3）待做事项，并不是很重要的工作。

制订和实施日计划的5个步骤如下：

（1）把每一个目标任务清楚地写出来。

（2）确定当天的重要事项，提前安排好优先顺序。

（3）准确估算一下时间的长短。

（4）写出行动方法和工作步骤。

（5）预测可能出现的问题并制定出相应的应对措施，留一些缓冲时间以备随时可能会发生的变故。

最好在每天晚上做好明天的日计划，并检查每天所做的工作是否与周目标相吻合。一周之后，检查所做的工作是否与月目标相一致。以此类推，检查我们每个月所做的工作是否与季度目标相一致、今年所做的工作是否与人生目标相一致。

在制订日计划之时，一定要清楚地考虑到计划的弹性，千万不能将计划制订在自己的能力无法达到的高度，而应该制订在自己的能力所能达到的范围，因为我们每天都会遇到一些随时会出现的突发情况，或者领导交办了新的临时任务。如果我们每天的计划都排得特别满，那么在执行临时任务时就必然会挤占早就制定好的工作时间，因此原计划就肯定完不成，久而久之，计划就会失去严谨性，领导也会认为我们不是一个很有时间观念的员工，我们自己对制订计划这项工作也会逐渐产生怀疑心理。

如果计划要做的工作没有做完，我们就应该马上去做，而不是为拖延去找借口。如果一个职场人士总为自己的拖延找借口，不仅会浪费时间，工作效率也难以保证。更重要的是拖延还会消磨人的意志，纵容人的惰性。因此，一旦拖延形成一种习惯，我们就会对自己越来越没有信心，甚至会让我们的性格变得犹豫不决。

第二章

言行管理：越是感觉良好，越要谨言慎行

你的一言一行都需要靠自律来约束，因为你的一言一行不是走过场，
你的每一个动作、每一句话都会影响到你身边的每一个人，
也会影响到他们对你的看法。所以，越是感觉良好的时候，越要谨言慎行。

01　谨言慎行不等于畏首畏尾

成功没有捷径，唯有谨言慎行。

“谨言慎行”是指一个人言行举止小心谨慎，能够时刻保持自律自警。从字面上来看，给人的感觉与“畏首畏尾”有些相近，其实这两个词有着天壤之别。一些人因过分小心谨慎、习惯畏缩，我们可以说其“畏首畏尾”，这与“谨言慎行”的本意可谓背道而驰，只能说他们矫枉过正。

语言是交流思想的工具，但也是可能引起各种祸端的理由。说出去的话就像泼出去的水一样，很难收回，所谓覆水难收就是这个道理，况且多言取厌、轻言取侮、言多必失。所以，《曾子·修身》上说：“行欲先人，言欲后人。”意思是说，我们说话要经过深思熟虑，只有这样才不会招惹是非；做事要说做便做，不拖泥带水，只有这样才能养成雷厉风行之性。

之所以要谨言慎行，是因为言语行为谨慎对于一个人立身、处世具有很重要的意义。古往今来，成大事者无不是谨言慎行的人。也许你还不知道那些不经大脑的言行会为自己和别人带来多少麻烦，而那些麻烦又会为自己和他人的人生留下怎样的烙印。

张爱丽待人非常热情，经常给朋友以热情帮助，可是周围的人总是很讨厌她。原来，张爱丽在交往中总是会违背言语交际的原则。因此，虽然她主观愿望很好，结果却总是帮了忙还不惹人喜爱，事与愿违。

实际上，熟人、朋友之间为增进感情而交际，说话“随便”一点儿压根没有什么，但是这种“随便”应该掌握好分寸，应该有一个合适的“度”。因为每个人心灵中都有自己最隐私的一面，所以在交谈的时候，我们应该顾及对方的自尊，以免让他人陷入难堪的境地。

而张爱丽却完全不考虑这些，她曾对一位很胖的女同事高声说：“哟，你怎么又长膘啦？你爱人净弄什么好的给你吃，把你喂得这么肥啊？”

张爱丽本没有一点恶意，但是这些话语无疑激起了对方的厌恶，使对方从内心深处讨厌她，不仅达不到亲近的交友目的，反而拉开了双方的心理距离。

失去丈夫是人生中最不幸的事情之一，一位好朋友刚刚死了丈夫，正处在守丧期间，张爱丽为了让她不难过，便非常热情地邀请她去看最新出的喜剧片。她笑嘻嘻地说：“装什么装啊！这下子没有人管你了，乐一乐。”这种自认为亲近他人的说话方式真是让人难以接受，会无情地伤害对方。

我们也许都有过这样的体会：有的人在行为上、物质上热心地帮助了别人，但却在特定场合措辞不当，使对方的感激之情烟消云散，甚至产生了反感之情。毫无疑问，张爱丽就是这种人。

张爱丽的言行就是生活中如何正确说话的一面镜子，我们在言语交际的过程之中一定要引以为戒，不管是说话还是做事，一定要管住自己，不能想到什么说什么、想起什么做什么，这是没有自律的体现。一个自律的人能够管住自己的言行是最基本的素养，那些口不择言、做起事来不考虑别人感受的人，一定不是自律的人，也很难获得成功。

尤其是在现代复杂的社会环境下，如果我们不注意说话的内容、分寸、方式和对象，往往就会祸从口出。正像人们常说的那样：你不说话，别人不会以为你是傻瓜。愚蠢的人用嘴说话，聪明的人用脑说话，智慧的人用心说话。

因此，谨言慎行乃君子之道，我们应该学会为自己的言行负责，而不是为此付出代价。

02　虚怀若谷才能容纳真正的学问

如果想要追求成功，就必须保持谦虚，因为只有做到谦虚，你才能不断进步。

山原本高大，但处于地下，高大就显示不出来，所以人们往往看到的只是冰山一角。对于人来说，虽然德行很高，但能自觉地不显扬，这就是我们说的谦虚之美德。也就是说，谦虚是有才华而不自以为是，有很高的才能和品德却不去过度表现。

任何人在潜意识里都是争强好胜的，自负是人的本性之一。喜欢表现自我本来是人的一种正常的欲望，但任何事物都是过犹不及。生活中，我们经常会遇到一些总爱过度表现自己的人，他们总喜欢指出别人这件事做得不合适，那件事做得过分，似乎他们什么都行，对什么都可以说出个所以然来。他们之所以摆出这样一副“万事通”的面孔，就是唯恐被人轻视。这种自负其实恰好是自卑心理的表现。本来他们炫耀的目的是想提高自己的地位，殊不知，这样做只能使他们更遭人反感甚至厌恶。东汉末年的杨修就是这种人。

杨修以才思敏捷、颖悟过人而闻名于世，他在曹操的丞相府担任主簿，为曹操掌管文书事务。

一次，北方来人向曹操进献一盒精心制作的油酥，曹操开盒尝了尝，觉得味道很好，因此连说了两声“好”，随即盖上盒盖，在盒上题写了一个醒目的“合”字后便走开了。

曹操的侍从们凑到了一起，七嘴八舌地议论起来，谁也不知曹操的葫芦里卖的是什么药，于是决定请杨修来琢磨琢磨。杨修来后，思索了一会儿，便动手打开这盒油酥。一个老文书连忙说：“不要动，这可是丞相喜欢吃的呀。”杨修对大家说：“正是因为它味道好，丞相才让我们一人一口分了吃的。”老文书不解地看着杨修，杨修淡然一笑说：“这盒盖上的‘合’字不正明白地告诉我们‘一人一口’吗？”后来曹操得知杨修猜中了他的心思，心中不禁顿生妒忌之意。

建安十九年春，曹操亲率大军进驻陕西阳平，与刘备争夺汉中之地。刘军防守严密，无懈可击，又逢连绵春雨，曹军出战不利。曹操见军事上毫无进展，颇有退兵的意思。

这天，曹操独自一人吃着饭，同时也在思考下一步的行动。一个军令官前来请示曹操，问当晚军中用什么口令。因为军中规定每晚都要变换口令以备哨兵盘查来人。此时，曹操正用筷子夹着一块鸡肋骨，于是脱口而出:“鸡肋。”军令官听后并没有觉察出什么奇怪。

消息传到杨修耳朵里，他便整理笔札、行装，做离开的准备。一个年轻的文书见状后问道:“杨主簿，这天天要用的东西有什么好收拾的?明天还不是要打开吗?”

“不用了，小兄弟，我们马上就可以回家了。”杨修诡秘地一笑说。

“什么？要回家了？丞相要撤退，连点儿蛛丝马迹也没有呀?”小文书不解地看着杨修。杨修笑笑说:“有啊，只是你没有察觉到罢了。你看，丞相用‘鸡肋’做军中口令,‘鸡肋’的含义不就是‘食之无肉，弃之可惜’吗？丞相正是用它来比喻我军现在的处境。凭我的直觉，丞相已考虑好撤军了。”

消息又传到夏侯惇那里，他听了也觉得有理，便下令三军整理行装。当晚，曹操出来巡营时一见，大吃一惊，急令夏侯惇来查问，夏侯惇哪敢隐瞒，照实把杨修的猜度告诉了曹操。对杨修的过分机灵早已不快的曹操这下子抓到了把柄，立即以惑乱军心的罪名把杨修给杀了。

后来的事实证明，曹操虽杀了杨修，但最终还是下令退离了汉中。然而，就杨修而言，他必死无疑，因为他五次三番地恃才傲物，逞口舌之快，不知道收敛自己，节制自我表现欲，而把小聪明用在一些无用的小事上面，又不顾忌上下尊卑，随心所欲地言行。毫无疑问，正是因为他的不谨言慎行才招来了杀身之祸。

当然，并不是说不能表现自己，有时我们可以适当地自我表现一下，但一定不要太锋芒毕露，可以用谦虚谨慎的行为来压淡“表现”的棱角，这样才算是两全其美，既不灼伤自己，也不会招致别人的忌妒。

一个人有才能是件值得佩服的事，如果再拥有谦虚的美德，那就更值得敬佩了。事实上，没有一个人能够有足够的资本骄傲，因为任何一个人即使在某一方面有很高的造诣，也不能说他已经彻底精通，任何一门学问都是无穷无尽的海洋，都是无边无际的天空……所以，谁也不能认为自己已经达到了最高境界而停步不前、趾高气扬。如果是那样的话，必将很快被他人赶上并超过。

虚怀若谷、虚心好学才能容纳真正的学问和真理，才能取人之长、补己之短，日益完善自己的人品和影响力。

03 得意之时，绝不可放任而狂妄

低调做人，保持低调的姿态，你会一次比一次稳健。

在生活中，我们会发现有这样一种情况：一个人一文不名的时候显得比较谦虚，但一旦得势后便居功自傲、恃才傲物、盛气凌人，再也不低调了。这样的人，就是缺少自律的心境，他们会随着自己处境的变化而放任自己的负面情绪。

按照系统论的观点，任何一件事都不是孤立存在的，而是存在于一个系统之中。想一想宇宙之大、人际之繁，一人之功、一己之才算得了什么？更何况每一个人的“功”和“才”都是要靠着别人的帮助才能实现的。所以，才大而不气粗、居功而不自傲才是做人的根本。

如何能在飞黄腾达之后保持自己的低调作风？答案是需要人的自我约束、自律。

保持低调的自律确实很难，家财万贯、掌握大权，却还能低调做人、谦虚谨慎，对于每一个人来说都不太容易。所以，我们一定要有足够的自律精神，要管住自己那颗势利之心。

我国明末著名大学者顾炎武认为，做人的最大美德就是低调自谦。他说："昔日之所得，不足以自矜，后日之所成，又不容以自限。"

一个人如能感到自己的"吾不如"，就必然会感到自己尚有"吾不知"和"吾不足"，只有这样的人才能真正具有虚怀若谷的品德。众所周知，普京喜欢柔道，有人问他："柔道对你最大的好处是什么？"普京说："柔道能锻炼人的勇气，在和人竞技的过程中能看到自己的不足和对手的长处，让练习者懂得尊重对手和保持谦虚。"这就是所谓"吾不如"的境界。

一个人到达了"吾不如"的境界，就能很容易体会到自己的不足。金无足赤，人无完人。即使自己做得再好，也还会有很多不足。越是有自知之明的人，越会知道自己的不足。明代大家方孝孺说过："人之不幸，莫过于自足。"只有知道自己的不足才能找到前进的目标和动力。

老子认为，"兵强则灭，木强则折""强梁者不得其死"。老子的这种与世无争的谋略思想深刻体现了事物的内在运动规律，已为无数事实所证明，成为广泛流传的哲理名言。

曾国藩的家书中曾经记载过这样一件事，1858 年，曾国藩带领的湘军在与太平天国的战斗中节节胜利。而此时，曾国藩的九弟，也是湘军将领的曾国荃开始变得趾高气扬、不可一世。曾国藩知道后，在一个月内连续两次给曾国荃写信，他在一封信中写道：

“自古以来，因不好的品德招致败坏的有两个方面：一是长傲；二是多言。尧帝的儿子丹朱有狂傲与好争论的毛病，此两项就归为多言失德。历代名公高官败家丢命的也多因为这两条。我一生比较固执，很高傲，虽不是很多言，但笔下语言也有好争论的倾向……沅弟，你处世恭谨，还算稳妥，但温弟却喜谈笑讥讽。听说他在县城时曾随意嘲讽事物，有怪别人办事不力的意思，应迅速改变过来。”

曾国藩之所以给他弟弟写这封信，就是因为他知道自己的弟弟在权力到手之后很难保持自律，可能会放任自己的言行，所以他才刻意写这封信，提醒弟弟自律、低调。这封信不仅对他的弟弟有警示作用，同时也告诉我们：人要保持内敛的心态，不要高谈阔论，即使与人谈话，话题也不能永远以自我为中心，不要随便把自己心中的牢骚倾诉给别人，因为你无法保证你的倾诉对象将来不会成为你的敌人。更不要意气用事，那些真正有本事的人都能沉得住气，管得住自己的嘴，以免言多语失。

话说得少，从不妄语，会使人变得有涵养，也更容易显现出自己的威严。相反，不懂得低调的人往往高谈阔论，殊不知，言多必失，到头来反而会让自己陷于被动之中。想要显示出自己的霸气，想要树立威信，那么不妨学会“沉默是金”的低调。

04　与其夸夸其谈，不如侧耳倾听

倾听，能让你获得更多的朋友；倾听，是了解一个人的最佳方式。

在人际交往中，我们常容易犯一个毛病，那就是自己侃侃而谈，完全不顾及别人的感受，这样会很容易让身边的人感觉你比较浮夸、过于自我。所以，我们应该自律一些，让自己把更多的时间用于倾听，多听取身边人的意见或者建议，给他们空间和时间，多去体会他们话语的意思，这样你身边的朋友才会注意到你，才会对你有一个好印象，这是一种倾听的自律，它会让你更加智慧，更能赢得别人的好感。

侧耳听智慧，专心求聪明。每个人都希望被别人了解、理解，所以人们才有了说话的欲望以及表现自己的欲望。但是，凡事有度，如果话太多，只会让别人反感。我们应该做的是设身处地地为他人着想，站在对方的角度去思考问题，管好自己的嘴巴，该说的时候说，不该说的时候就认真地听，这样才能让身边人感到你对他们的尊重。

很久以前，有一个小国派使者到中国朝拜，这名使者带来了3个一模一样的小金人，活灵活现，皇帝非常高兴。使者不仅送来了3个金人，而且提出了一个问题："这3个金人哪个最有价值？"

皇帝想了很多办法，命人去称3个金人的重量，并且让能工巧匠去研究小金人的做工，但是比较了半天，也没发现这3个金人有任何差别，皇帝便着急了，心中质疑：天朝上国怎么能连小国的问题都答不出来？

这时，有一位大臣站了出来，他准备了3根稻草，当稻草插入第一个金人耳朵里的时候，就从另外一只耳朵里出来了；当稻草插到第二个金人耳朵里的时候，就从嘴巴里出来了；当稻草插入第三个金人耳朵里的时候，就到了肚子里，再也没出来。

大臣说："第三个金人最有价值。"

皇帝若有所悟，奖赏了大臣。使者听了皇帝的答案后也点头称是："真正有能力的人，是会倾听、会思考的人，而不一定是最能说的人。"

最有才华的人不一定是最能说的人。老天给了我们一张嘴巴和两只耳朵，为的就是要我们少说多听。生活中，我们要善于倾听，只有用心去倾听，才能及时了解别人的想法；善于倾听才是一个人成熟的表现。

有些人认为，自己说话越多，就显得越有才华。其实，这种想法是非常错误的，真正有大智慧的人绝不会滔滔不绝，而是会聚精会神地倾听。倾听是口吐莲花的前提，倾听要有侧重点，要学会过滤，只有这样，倾听的重要作用才能发挥出来。

倾听是一种智慧。当你在意某个人的时候，你才会愿意静下心来倾听；反之，如果你对这个人不怎么看重，也就不会有这样的耐心了。倾听更是一种慈悲，因为你可以站在对方的立场去思考问题、帮助对方解决问题，这才是真正的朋友应该做的。

舍弃不必要的话语，认真倾听，才能听懂一个人的心。等到你专心听完对方说的话之后再发言，就会显得更有力度。放下说话的冲动，先去倾听，听到别人的需求，才能用最简单的话语打动对方。

倾听可以让我们感受到对方心底的声音，如果我们只是滔滔不绝地去说，只会让最真实的声音消失。倾听可以给别人一种随和的感觉，还可以让别人感觉到你的真诚。倾听是我们每个人内心的需求，我们需要别人了解自己，需要朋友知心，最重要的就是需要对方的倾听与理解。

俯下身去倾听，往往可以听到别人心底的声音，不管如何，你愿意听，对方愿意说，这样才能让彼此之间的关系更加融洽。不要过于虚荣，总想展现自己，这样只会让你失去别人的好感，长此以往，你的朋友就会越来越少。

知人知面，不如知心，知心要从哪里开始？知心就要从倾听开始，倾听是了解一个人的最佳方式，倾听能让你在最短的时间里了解到别人更多的信息，只有通过倾听，你才能获得越来越多的朋友，而成功也许将会在下一秒出现。

05　学会理性忍让，误解就能变成谅解

忍一时风平浪静，退一步海阔天空。

人们常说，病从口入，祸从口出。说话的时候很有可能出现歧义，会让别人误解，这就要求我们学会“说话”，让自己说错的话语在脑海里沉淀一下，然后再想想让误解消失的方法。一个人是否成熟、是否自律，能否管住自己的嘴是一个很重要的标准。

在现实生活中，经常会出现言者无心、听者有意的情况。有时我们感觉自己说的话是很好的，但是传到别人耳中也许就不是如此了。被误解是人之常情，毕竟从我们嘴中说出的话语是我们内心的表达，而对方又不是我们肚子里的蛔虫，无法知道我们话语中所要表达的正确思想。

但是面对别人的误解，我们需要控制自己的逆反情绪和攻击欲望，适当忍让，之后再去解释，用简单易懂的语言来阐述自己的思想，这样才会消解对方的怨气，这就需要我们用足够的自律来控制自己的言行。

韩岩是一家汽车维修公司的领导，但是公司效益却一直都不怎么好，这让他很是苦恼。为了找到答案，这天他决定悄悄地跟着自己的员工小郑，看看他究竟是如何与客户沟通的。

小郑从公司出来，来到了一家咖啡馆，一位意向客户正在那儿等他。与那位客户见面后，小郑说："王先生，贵厂的情况我已经分析过了，我发现你们自己维修花的钱比雇用我们干还要多，是这样吗？那么您为什么不找我们呢？"

王先生点了点头，说："对，确实是这样，我也认为我们自己干不太划算。不过，我承认你们的服务不错，但你们毕竟缺乏电子方面的……"

听到这里，小郑打断了他的话，急忙说道："王先生，请您允许我解释一下。我想说，任何人都不是天才，修理汽车需要特殊的设备和材料，比如真空泵、钻孔机、曲轴……"

王先生没有生气，心平气和地说："你说得有道理。但是，你误解了我的意思，我想说的是……"

"我知道，我明白您的意思。"还没等王先生说完，小郑又一次打断了他，"可是，就算您的部下绝顶聪明，也不能在没有专用设备的条件下干出有水平的活来……"

看到小郑三番五次地打断自己，王先生不免有些生气了，冷冰冰地说："你能让我把话说完吗？你还没有弄清我的意思，现在我们负责维修的伙计是……"

“王先生，你想说什么我都知道！”小郑没有发现对方的不满，只顾自己说道，“现在，王先生，请您给我一分钟，我只说一句话，如果您认为……”

终于，王先生忍无可忍了，他站起来狠狠地拍了下桌子，吼道：“行了！别说了！你现在可以走了，以后你也不要联系我了。”

躲在远处的韩岩看到这一切，不由得满脸通红。回到公司，韩岩狠狠地批评了小郑一顿，并亲自拜访了王先生，他主动向王先生赔不是，认真听取王先生的建议，尽可能消除了王先生的误解，让双方的合作得以继续进行。

三番五次打断对方的述说正是小郑失败的关键原因。他无法控制自己的言行，才会导致一次次的失败。其实，在任何时候，我们都要学会忍让，这是每个人在任何岗位都应掌握的，因为退让可以消除误解，可以让我们站在对方的角度去思考，说出让对方能够坦然接受的话语，只有这样，双方才能相互理解，展现出交流沟通中最美好的一面。

往前一步是黄昏，退后一步是人生。适当的时候，学会退让就是成功。说话也是如此，当你希望把自己的思想传达给别人的时候，就应该学会忍让，做事说话都要留有余地。只有管好自己的嘴，才能让自己少犯错误。

张谦和王雪青梅竹马，在学生时代，两个人都很好强，当时张谦的眼中只有学业和爱情，并没有感受到多大的压力。王雪发火的时候，张谦总是习惯性地温柔劝解，忍让着王雪。

张谦和王雪大学毕业之后就结婚了，从大学到工作，他们都完成了人生的转变，有了自己的家庭，两个人感觉自己肩上的担子又重了。

王雪每天都会有不愉快，每天都会为了一些鸡毛蒜皮的小事和张谦争吵。张谦初入职场，工作的压力铺天盖地地压到了他的身上，加之王雪每天发牢骚，张谦实在不能忍受了。

人的忍耐都是有限度的，工作的压力让张谦没有发泄对象，对待王雪的牢骚，他再也没有了往日的温柔细语，取而代之的是无情的反驳。

几个月后，他们之间的矛盾更加激化，两个人谁都不愿让步，最终选择了离婚。

生活中，人们每天都要背负众多压力，谁都想回到家中卸下一天的疲惫，如果连这点儿要求都满足不了，只会让爱情支离破碎。其实在其他地方也一样，在遇到口角之争时，我们不妨变得自律一些，管好自己的嘴，让自己退让一步，也许事情就会有转机。

06　拒绝滔滔不绝，言语表达多不如精

要做到自律，还要约束自己的言行，千万不要滔滔不绝，因为那是与人沟通的大忌。

从一个个交际失败的事例中，我们最能体会出的就是“言多必失”。好的语言并不在于多么精美，打动人心就好。但是很多人往往管不住自己的嘴，常常是长篇大论，想说什么说什么，最后给自己带来无尽的麻

烦，所以我们需要自律来控制自己这张嘴。

某位著名艺术家的妻子是一位作家，也是一位企业家。有一次，别人问她会不会再嫁，她爽朗地回答说："我已经嫁给大海，就不能再嫁给小河了。"这句话非常简洁明快，但是意蕴之深刻绝对让人回味万千。

高尔基曾说："简洁的语言中有着最伟大的哲理。"在当前这个信息时代，人们的生活节奏加快了很多，不再喜欢那些繁杂冗长的空话及套话。因此，我们说话要尽可能简洁明快、思路清晰。不过，也不要因词语贫乏而表达得词不达意、思维模糊、语无伦次。所以，我们在说话时应要求自己长话短说，要"过滤"出最精辟的语言，恰如其分地表达出自己的意思，能省略的语言就坚决省掉。

1863年11月19日，美国总统林肯应邀到一个仪式上演讲。不过，因为这次仪式的主讲人是艾弗雷特，林肯只是因为自己是总统才被邀请的，所以他被排在艾弗雷特之后"随便讲几句适当的话"。艾弗雷特是个著名的政治家，也是一个很有学问的教授，而且是当时被公认为全美最会演说的人，尤其擅长纪念仪式上的演讲。因此，在这个典礼上，他那长达两个小时的演讲打动了到场的每一位来宾。

那么，在这样一种情况下，林肯该怎样讲才能和观众建立良好的互动关系，最终赢得大家的掌声呢？于是，林肯决定以简洁合理取胜。结果林肯大获成功，他的演讲只有短短的10句话，从上台到走下台来不过两分钟，可掌声却整整持续了10分钟。

林肯的这场演讲不仅赢得了每一名听众的热情，而且轰动了整个美国，当时的报纸评论说："这篇短小精悍的演说是无价之宝，感情深厚、思想集中、措辞精练，字字句句都很朴实、优雅，行文完全无疵，完全出乎人们的意料。”

艾弗雷特也在第二天写信给林肯，他在信中说道：“我用了两个小时才接触到了你所诠释的那个思想，而你仅仅用了两分钟就说得清清楚楚。”后来，林肯这篇出色的演讲词被铸成金文存入牛津大学图书馆。林肯的这次演讲获得巨大的成功，给了人们一个重要启示：简洁明快的语言会使我们说的话更有魅力。

在人际交往中，要想得到不错的效果，我们的语言必须简洁明快，要能使每一个倾听者在较短的时间里收获到较多而有用的信息。历史上曾记载了一些“前无古人，之后未必有来者”的冗长的演讲记录，但是这些演讲绝对不能称为优秀。

1933年，美国一位名叫爱尔德尔的国会参议员在反对通过“私刑拷打黑人的案件归联邦法院审判”的法案之时，在参议院里整整演讲了5天。根据一位记者统计，他在演讲台总共踱了75公里，吃了300个夹肉面包，做了大约1万个手势，还喝了大概40公斤饮料。

1957年，斯特罗姆·瑟蒙德在阻止“民权法案”通过时发表的演讲整整历时24小时18分，结果还是以失败告终。

1812年，英美战争期间，一个美国议员希望用马拉松式的演讲来阻止美国国会通过对英宣战的决议。于是，这位议员一直说个不停。时至半夜，听众席上早已是鼾声四起，最后一个议员气急之下将一个痰盂甩到演讲者的头上，这场演讲才结束，而国会最终通过了宣战决议。

“言不在多，达意则灵。”字字珠玑、简练有力能够让人有谈兴；而拖拖拉拉、语句唠叨、不得要领，肯定会令人生厌。世界历史上，不少演讲大师都惜语如金、言简意赅，因此留下了许多“善辩者寡言”的典型。

例如，最短的总统就职演说——1793年华盛顿总统的就职演说仅仅用135个字便说完了一切，最后举世闻名；恩格斯在马克思墓前的演说总共只有1260个字；列宁在马克思、恩格斯纪念碑揭幕典礼上的讲话也只有552个字；1984年7月17日，已经快40岁的法国新总理洛朗·法比尤斯发表了短得出奇的演说，演讲词只有两句：“新政府的任务是国家现代化，团结法国人民。为此要求大家保持平静和表现出决心。谢谢大家。”措辞委婉利落，内容精辟有深度，绝对是极好的演讲。

简洁明快的语言能够大大提升人的认识能力和思维能力，也是这两项表现的高超载体。因此，话语的简洁经常体现出说话人分析问题的快捷和深刻；简洁明快的语言体现出的是果敢决断的性格。作为自信心强且办事果敢的人，他们说话时都干脆果断，从不会拖泥带水。

说话简洁往往会给他人一种很有激情的现代人的感觉。所以，简洁明快的话语也是时代风貌的一种反映。简洁的话语不占用听者太多时间，而且使听者觉得说话者很尊重自己。

对于我们每个人来讲，一言一行看起来简单，却需要管好自己，不能过于放纵自己的言行，这就需要我们用自律来约束自己。

第三章

时间管理：在有限的时间内做更多的事

时间对于每个人来说都是平等的。

每个人一天的时间都是 24 小时，没有人会多一分钟或少一分钟。

所以，决定个体生命高度和质量的不是时间本身，而是把握时间的能力。

如何才能在有限的时间内做最多的事情，是我们一生都要思考的课题。

01 自律的人，首先是一个管理时间的高手

能够合理、高效地管理自己的时间，才能创造比别人高的时间效益。

所谓时间管理就是指在同样的时间耗费状态下为提高时间的利用率而实施的控制工作。我们可以通过对时间进行管理克服浪费时间的坏习惯，这样我们的行动才更有效率。实践也表明，那些高效能人士都有着非常好的时间观念和强烈的事业心，他们对于时间有着非常强的紧迫感，因此总是能自觉、科学地去管理好自己的工作时间。

世界著名管理学大师彼得·德鲁克在总结有效的管理者应具备的素质时说："我们要对自己提出 5 项要求，其中第一项就是对于时间的管理。"他还说："高效能的管理者一定要清楚他们将时间应花在什么地方。

他们所能控制的时间并不是无限的，因此他们必须学会系统地安排时间，这样才能充分利用有限的时间资源。”他还大声疾呼：“时间是最宝贵稀缺的资源。除非时间能够被妥善地管理，否则所有的工作都将无法被妥善管理。”可见，时间管理是否成功绝对能影响一个人事业的成败。

罗伯行·列文教授在《时间地图》一书里提出：“当手表上的时间支配了一切，时间就会变成有价值的商品。手表时间观将时间视为一成不变的、直线式的，且是完全可以衡量测定价值的商品。所以，我们必须牢记富兰克林曾经提出的忠告：‘千万不要忘记，时间就是金钱。’”

如今，我们常常引用富兰克林那句“时间就是金钱”来表现时间的弥足珍贵。而在古老的中国，古人也曾经以“一寸光阴一寸金”来形容时间的宝贵。

假设以一个人一年的收入为标准，那么不同年薪的人 1 小时或 1 天的价值就截然不同。时间绝对是有价的，时间也绝对是无价的，因为谁也没有办法用金钱去衡量时间，它无法像金钱一样积蓄。正因如此，我们的老祖先才说“寸金难买寸光阴”；也正因如此，我们必须学会对时间进行管理，让自己变成一个高效能人士，能够通过对时间的高效管理让自己在有限的时间内创造出比别人高得多的时间效益。

在我们的日常工作和生活中，管理时间就要着眼于当下。要知道，我们的所有工作不是都非常着急，更不是都非常重要的。

在时间管理上，我们不妨采用“ABC 控制法”。所谓“ABC 控制法”，就是根据工作中各个项目的重要和紧迫程度，按照最重要、重要和不重要 3 种情况划分为 A、B、C，然后有区别地去管理时间的有效方法。

查尔斯·舒瓦普曾在担任美国伯利恒钢铁公司总裁一职的时候，向当时的管理顾问艾维·利提出了一个非同寻常的挑战："请告诉我，该怎么做才能在办公时间内做正确的事？如果您给了我满意的答复，那么我将支付给您一大笔咨询费。"

于是，艾维·利递了一张纸给他，并对他说："把您明天必须做的事情写出来，先从最重要的那一项工作写起，写完之后，再按照纸上写的去做，直到完成所有的工作为止。然后，您再重新检查您的工作次序，看看有哪个漏掉了。倘若其中有一项工作直接花掉了您整天的时间，那么您也不用担心，只要您手中的工作是最重要的，那么就请您继续坚持做下去。如果按这种方法，您依旧无法完成所有的重要工作，那么换用其他的方法也同样无效。如果您能将上述这些变成每一个工作日里都能去坚持的习惯，那么我这个建议对您产生良好的效果时，您就该给我支付那张大额支票了。"

几个星期之后，查尔斯·舒瓦普寄了一张 25000 美元面额的支票给艾维·利，并附言它确实改变了自己的工作效率。可以说，伯利恒公司后来能够成为世界上最大的独立钢铁制造企业，与艾维·利有着巨大的关系。

实际上，艾维·利给查尔斯·舒瓦普提供的就是 ABC 控制法。

"ABC 法"的操作过程是这样的：

A：最重要的工作，指"必须做的事"，如约见非常重要的客户、重要的日期临近、能给你带来成功的机会等。

B：较重要的工作，指"应该做的事"。这类工作比较重要，但比起 A 类事务来说不是非常重要。

C：次重要的工作，指"可以去做的事"，相对前两类工作，这类工作是价值最低的。这类工作可以靠后，如果的确没有时间去做，就可以授权其他人去做，甚至完全忽略。

ABC控制法具体到我们的工作中，就是要求我们先根据工作的重要性来进行规划，对A类工作，我们应该毫无疑问地进行重点管理；而对于B类工作，要进行比较重要的管理；对C类工作，只需一般的管理即可。这样做的好处就是，能够让我们在有限的时间里以最快的速度去处理好最重要的事情。

一个人一天所做的事情，其重要程度不同，同样一个人一天的精力分配也是不平衡的，因此有必要根据自己的精力合理安排、使用好时间。我们可以将工作按重要程度分为A、B、C三个类别，分别写在三张白纸上，把相对重要的A、B两张放在C上面。这样，当我们要从事C类工作的时候，马上就会意识到A、B两类工作还没有做完，从而更好地运用时间。

在制定工作日程之时，我们往往会因工作性质、工作状况和个性不同进行不同的安排。总体来说，应遵守以下几个原则：

（1）将重要的工作项目作为中心项目，制定一天的工作日程。

（2）将今天必须第一个要做而且坚决要做完的工作列为中心，制定一天的工作日程。

（3）将工作日程与自己的身体状况和能量曲线进行相应的匹配。在精力充沛之时，尽量去做那些最富有创造性又最有挑战性的工作项目。

02 优化你的时间分配和使用方式

时间是世界上最弥足珍贵的资源，它不可存储，亦不可透支，只能掌握一种合理使用它的方式，使时间增值，如此，你才能成为赢家。

在成功者的眼里，时间是一种比金钱更有价值的东西，所以浪费时间的后果就等于浪费了更多的金钱，所以成功者是绝对不会浪费时间的，他们对时间的管理是十分精细的。

对于时间管理的精确把握来源于自律精神，这种自律精神不是一味蛮干的自我约束，而是对时间的支配。我们都有这样的体会：在与一些人约会时，不是说要约到几月几号，必须要精确到几时几分才行。对于他们来讲，迟到是绝不容许的事情，在他们处理文件的时候，所有的客人都要等候。就是这些时间的细节让他们的效率变得更高，让他们的财富积累速度更快，也让他们更成功。

很多人对于时间的精确控制体现在他们的工作上，下班铃声一响，即使打字员还有10个字没打完，他们也会立刻走人。不要以为下班就走的打字员不够自律，相反，他们拥有极强的自律精神，否则他们也不可能按照时间表来约束自己的一切行为。时间观念让拥有自律的人工作效率大大提升。

犹太人非常善于管理时间，喜欢把时间与金钱进行换算。有位月收入为20万美元的犹太商人曾经算过这样一笔账：他每天可以挣到8000

美元，那么平均下来每分钟就有 17 美元的进项。如果有人浪费了他 5 分钟的时间，就相当于他被偷了 85 美元。因此，犹太人在工作时会拒绝一切没有预约的访客。

有这样一件事可以反映犹太人对于时间和金钱关系的处理方式，日本一家著名百货公司的年轻职员为了在纽约搞一个市场调查而直接跑到一个犹太人开的百货店，贸然叩开了该公司宣传部主任办公室的大门，对这个主任说他需要对方 5 分钟时间来做一个调查，但是这位犹太人毫不犹豫地拒绝了同行的这个要求，并且说："我之所以拒绝你，是因为你没有预约，而现在我在工作，不允许任何人来打扰我，你的到来会对我的工作造成不利影响。"

对于坚信"时间就是金钱"的犹太人来说，"不速之客"是妨碍他们工作的绊脚石，除了拒绝他们，再没有更好的办法了。

很多人在谈判的时候喜欢用一些无关紧要的话作为话题的开始，比如说："今天天气不错啊！"等，但是成功者则更喜欢直奔主题，他们在做事的时候会把每一分钟的时间都用到实处。

钻石商巴奈·巴纳特是南非首富。最开始，他带着 40 箱雪茄烟作为原始资本来到南非。他用这些雪茄烟与钻石矿上的商人换取了一些钻石，赚取了第一桶金。从那以后，在短短数年间，巴纳特便成为一个富有的钻石商人和从事矿藏资源买卖的经纪人。

巴纳特的赢利周期很有特点，每个星期的周六是他挣钱最多的日子，因为这一天南非的银行营业时间比较短，巴纳特可以用更多的时间去购买钻石。而在这一天购买钻石，他不用掏现金，因为这一天银行不营业，所以他总是用空头支票来换取钻石。也许有人会说，这有什么用呢？一天以后，他不是还得付出相同的钱吗？大错特错，因为巴纳特这样做等于是让原本已经不属于自己的钱在银行的账户上多存了一天，对于钻石这种大生意来说，这一天的利息也是比较可观的。

当别人用力气赚钱的时候，犹太人已经开始用时间赚钱了。也许就是这个细节、这种对时间的苛刻要求让他们比别人更快一步，因此他们拥有了比别人更多的财富。

在竞争激烈的市场中，谁在市场上第一个打出自己的王牌，谁就能获得比别人多得多的利润，尤其是现在人们经常会用到的电子产品，即使只比对手快一个月上市，那么比对手获得的收益就会多出不少。例如当年的电子手表，刚上市的时候每块卖到几十美元乃至几百美元，但是当这类产品逐渐多起来之后，价格就在短时间内大幅度下降，每块售价只有几美元。

时间虽然体现在细节上，但实际上却是决定成败的关键因素。根据众多的企业核算，经营费用中有70%左右都要花费在时间管理上。如一个企业一年通过银行融资5亿元，如果不在第一时间让这些资金滚动起来，就要支付超过6000万元的利息。如果该企业能把握好一切时间有效利用这些资金，那么最少可以节约一半的利息。

每个人的精力和时间都是非常有限的，怎样高效地分配精力与时间造成了普通人与成功者之间的差距。普通人总是将主要的时间与精力放在一些无关紧要的事情上，而成功者则把主要时间与精力放在最重要的事情上。

前美国国务卿基辛格曾经担任过哈佛大学教授，当他把自己所担任的总统顾问职务与大学教授的工作进行了一番对比后，他说："之前，我总是按自己认为合理的方式去工作，把某一件事情做完为止。直到后来我才发现，人必须把很多工作放在优先次序中展开，并坚决去做优先要做的那些重要的工作。"

一位美国富商也说过这样的话："如果你所做的一切都是你认为的最重要的工作，并且以重要顺序展开，就能够将工作做到最好。"

要想高效利用精力与时间，首先要合理地将工作按照紧急与重要程度进行划分，遵从重要性优先的原则，将你的大部分时间与精力都投入到很重要而不很紧急的工作中去，只有先完成重要而不紧急的工作，才能让自己更高效地工作。

因此，你千万别把重要的工作推到最后去做，更不要整天集中精神在一些无关紧要的事情上。不要让自己被太多的琐事牵绊，一定要留出足够的时间去处理紧急的工作。

是的，要想取得成功，首先要考虑的问题就是合理地利用时间。如果一个人不懂得如何去经营时间，那就会面临被淘汰出局的危险。如果你能管理好自己的时间，那么就能赢得时间能够给予你的一切，就能赢得自己的未来。

有的人认为自己时间很多，但是有些人却唯恐时不我待。事实上，时间对每一个人来说都是一样多的，同样的时间，善于利用时间、善于安排细节的人可以多做很多事情。正如鲁迅先生曾经说过，时间如同海绵里的水，只要愿意挤，总还是有的。

03 将每一秒用到极致

成败与否，不在于你花多少时间去做事，而在于你是否做了该做的事情。

在一切以快制胜的现代社会，时间管理是现代人必备的一项工作技能，是提高一个人工作效率最有效的武器。一个人的工作是否有效率、是否具有满足感，在很大程度上取决于其是否能够合理地管理和利用好自己的时间。在最少的时间内做好更多的事，才能把时间用在刀刃上。

你也许会对社会上那些著名的企业家、政治家感到怀疑，他们每天有那么多事情要处理，还能将自己的时间安排得有条不紊。他们不但能抽出时间阅读自己喜欢的书籍，以休闲娱乐来调剂身心，并且还有时间带着全家出国旅行，难道他们一天的时间不是 24 小时吗？正确的答案是他们比别人更善于有效地利用时间。

在美国企业界，与人接洽生意时能以最少时间产生最大效率的人非金融大王摩根莫属。为了珍惜时间，他招致了许多怨恨，但实际上人们都应该把摩根作为这一方面的典范，因为人人都应具有这种珍惜时间的美德。

摩根每天上午 9 点 30 分准时进入办公室，下午 5 点回家。有人对摩根的资本进行过计算后说，他每分钟的收入是 20 美元，但摩根认为不止这些。所以，除了与生意上有特别关系的人商谈外，他与人谈话绝不超过5分钟。

摩根总是在一间很大的办公室里与许多员工一起工作，他不是一个人待在房间里工作，而是随时指挥员工按照他的计划去行事。如果你走进他那间大办公室是很容易见到他的，但如果你没有重要的事情，他是绝对不会接待你的。

摩根能够准确地判断出一个人来接洽的到底是什么事。当你对他说话时，一切拐弯抹角的方法都会失去效力，他能够立刻判断出你的真实意图。这种卓越的判断力使摩根节省了许多宝贵的时间。

如今，快节奏的工作和生活让很多人觉得紧张而忙碌。如果你想调剂好自己的工作和生活，就必须学会有效利用时间。善于利用时间不仅可以完成许多事情，还能拥有轻松自在的生活。

一位部门主管因为患有心脏病，遵照医生的嘱咐每天只上班三四个小时。他很惊奇地发现，这三四个小时所做的事在质和量方面与以往每天花费八九个钟头所做的事几乎没有两样。他所能提供的唯一解释便是：工作时间既然被迫缩短，他只好做出最合理有效的工作安排。这或许是他得以维持工作效能与提高工作效率的主要原因。

由此可见，做好时间管理、把时间用在刀刃上是提高工作效率、提升工作价值的重要方法。那么，怎样做才能成为一名运筹时间的高手呢？下面提供几种能有效运筹时间的方法：

1. 把握时机

机不可失，时不再来，抓紧时间就可以创造机会。没有机会的人，往往都是任由时间流逝的人。很多时候，机会对每一个人都是均等的，行动快的人会得到它，行动慢的人则会错过它。所以，要抓住机会，就必须与时间竞争。

2. 合理安排自己的时间

现代人从事企业工作，重要的是对于时间的管理。很多企业人十分辛苦，每天早出晚归、疲于奔命，但如果加以认真研究便可发现，他们所做的许多工作是在白白浪费时间，结果大事抓不了，小事也抓不到，所以企业人应合理安排自己的时间，抓住关键、掌握重点。

3. 利用好零碎的时间

把零碎时间用来从事零碎的工作，从而最大限度地提高工作效率。比如，在车上时、在等待时，可用于学习、思考或简短地计划下一个行动。充分利用零碎时间，短期内也许没有什么明显的感觉，但经年累月将会有惊人的成效。

4. 利用“神奇的3小时”

被人们称为时间管理大师的哈林·史密斯曾经提出过“神奇的3小时”的概念。他鼓励人们自觉地早睡早起，每天早上5点起床，这样可以比别人更早展开新一天的活动，在时间上就能跑到别人的前面。利用每天早上5点至8点这“神奇的3小时”，你可以不受任何人或事的干扰，做一些自己想做的事。养成早起的习惯，每天早起3小时就是在与时间竞争，会让你受益无穷。

5. 在更少的时间内做更多的事

我们不论干什么事情都要讲求效率，效率高者事半功倍，反之则事倍功半。

正如哈林·史密斯所说："工作中，经过不断的失败，我逐步发现在同样的时间内做更多的事情是值得每一位希望有效管理时间的人认真思考的问题，因为只有这样才能使自己获得更多的时间，也才能遇到更多的机遇。"因此，提高时间利用率、让时间增效是做好时间管理的重要方法。

04 四象限原理：分清事务的轻重缓急

人生短暂，逝者如斯！要分清什么事情最为重要、什么事情最为紧迫、什么事情可做可不做，只有合理分配时间，才能让有限的生命散发出无限的光辉。

歌德说："在今天和明天之间有一段很长的时期。趁你还有精神的时候要学习迅速地办事。"是的，要想提高效率，我们就必须自律，让自己赶紧投入到工作中。但是在做事之前，你要先弄清楚什么事情才是最重要的。

每个人有多少时间都是能计算的固定量，用一分少一分，所以人们常说"人生苦短，只争朝夕"。在我们短短的一生中，很多时间要花在睡、吃、行等不直接产生价值的活动中。例如，我们不得不花费将近半辈子的时间用于睡眠；我们不得不吃饭，用餐时间加起来也是好几年；行走、旅行又要花上几年，再加上平时的娱乐、节假日的休息、哄小孩等，加起来也需要好几年。如果从我们有限的生命中减去这些不得不花费的时间，那能够用于有效工作的时间还剩下多少呢？

以全球人的平均寿命 70 岁为限，一个人留给自己的时间其实只占到全部时间的 1/5。时间从不会等人，逝者如斯夫，可是我们的时间却是可以被支配和管理的。不同的人在相同的时间长度和环境下，产生的价值有着很大差别，这就说明时间是可以被更好地管理的。我们完全可以通过对时间进行管理，以提高单位时间效率的方式去做更多的事情、做更重要的事，即高效率地去工作，这就是延长生命长度的一种有效的办法。

1968 年，美国麻省理工学院一位科学家对时间的利用问题进行了一次深度的调研，他先后选定了 3000 名美国职业经理人作为调查对象，从中发现，那些成功的经理人都能够做到以下两点：在自己限定的工作时间范围内不把手伸得过长，尽力把职责内的工作做好；合理安排自己的时间，使时间的利用率提升到最大值。

人们每天都有太多的事情需要处理：不停在响的电话、接待不完的客户、开不完的会议、多如牛毛的朋友聚会等。就像一首“忙人的告白”的小诗中写的那样：“每件事好像都很重要，每件事都做，让我们非常忙碌。”于是，人们每天起早贪黑地忙碌个不停，挤出了很多家庭生活和休闲的时间，还是觉得时间不够。这些人总是看起来很忙碌，实际上就是因为他们没有掌握好时间管理和高效能工作方法而造成的。

实际上，在我们的工作中，很多工作都有着紧急程度不同，同时重要程度也不同的双重性，那么我们该怎么决定优先顺序？这就要看重要性和紧迫性两个维度：

优先顺序 = 重要性 × 紧迫性。根据这两个维度，我们可以将工作分成 4 类：

第一类：非常重要而又非常紧急的工作（第 1 象限）

第二类：很重要但不是很紧急的工作（第 2 象限）

第三类：很紧急但不是很重要的工作（第 3 象限）

第四类：既不紧急也不是很重要的工作（第 4 象限）

第 1 象限：非常重要而又非常紧急的工作

紧急的工作是我们应该马上就要做的工作，重要的工作是对工作有重大影响的事情。在我们的工作和生活中，有不少事情是既紧急又重要的，例如处理客户的投诉、老总要求在明天早上上班以前就应该提交的报告，父母病重需要住院、房贷马上就要到期，我们还没有准备好，这类事情可以说紧急而重要，因此就必须放下手头的事情尽快把它们处理完，否则这些事情将影响我们正常的生活。如果是因为自己的拖延，事情变得非常紧急，那么就应该坚决改掉这一坏毛病。

紧急而又重要的事情是最重要的事情，而且是马上要去做的事情，有的是我们要实现工作的关键环节，有的则是我们生活中最重要的事情，这些事情比其他任何一件事情都值得我们优先去做。因此，只有将这些事情都做得合理，才能够有效地去解决问题，这样我们才有可能顺利地进行自己的工作。

第 2 象限：很重要但不是很紧急的工作

我们在工作中有许多很重要但不是很紧急的事项，这类工作不是当前最急迫的，但是绝对会关系到我们的长远发展。这些工作，有的与我们的梦想有关，有的与我们的人生长期规划有关，比如专业技能培训、一直想写的一篇文章、一直想开始的魔鬼瘦身计划、一次彻底的健康检查、想读的几本好书等，但这些都是重要却不紧急的事，如果手头上的工作紧急无暇分神，便可以拖延一段时间，先将时间留给紧急且重要的事。

对于重要的工作，我们一般都会安排较充足的时间，是完全可以在一定的时间内做完的，但是如果我们每天都忙于琐碎之事而将不重要的工作搁置或者推迟，那么重要却不紧急的工作就会变得既重要又紧急，就会变成第一象限的工作。所以，工作处理的好坏情况往往真实地反映了一个人对人生、工作目标及事情进程的判断能力。

第 3 象限：很紧急但不是很重要的工作

在工作中，我们每一个人都会遇到很紧急但不是很重要的工作，例如，当我们正在忙于处理一件很重要的事情之时，一位哥们打来了电话，不接的话又找不到合适理由，于是我们就与他带劲儿地聊了起来，结果花费了宝贵的时间，耽误了应该做的事情。

有些事情很紧急但不很重要，我们就应将它们列入次优先的事项中。假如我们没有安排工作的优先次序，就可能会把一些紧急的工作也当成重要的工作来处理，结果颠倒了主次。通常，一般人都习惯按照事情的“紧急程度”决定工作计划的优先次序，而不是首先估计一下事情的重要性。如果我们每天把 80% 的时间和精力都花在了“不紧急的事”上，那么无疑会让我们的效能降低很多。

因此，要想有效地解决这一问题，既可以兼顾紧急也可以兼顾事情的重要程度，那么我们就应当把每日待处理的工作分为以下 3 个“区域”：

1. 当日“必须”去做的事（最为紧迫的事）。

2. 当日“应该”去做的事（有点儿紧迫的事）。

3. 当日“可以”去做的事（不紧迫的事）。

在大多数时候，那些越是重要的事反而越不紧迫，例如，做长远目标规划等。但是，如果我们总是忙于处理看似“紧急”的工作而将那些不紧迫但很重要的工作延迟了，这就是非常不好的做法。成功人士做要事，而不是做急事。

第 4 象限：既不紧急也不是很重要的工作

既不紧急也不重要的工作，就是可做可不做的工作。在工作中，我们都会遇到很多不需要我们马上去处理，甚至也不需要去解决的事情。比如，需要买一件新西装等。如果我们总是把精力放在这些琐碎的事情上，那么无疑就是在浪费时间。

在你的工作与生活当中，你能分清楚每一件事情所处的象限吗？你把大部分时间都花费在了哪个象限中了？

假如是 1，则说明你总是忙于应付那些紧急事，你总是被这些事弄得焦头烂额、狼狈不堪。所以，你始终忙忙碌碌地在工作，但是却效率低下。

假如是 2，则说明你在做要事而不是急事，这正是一个成功人士的思维方式和做事情的方式——把有限的时间用在最重要的事情上。很多时候，这些工作虽不是很紧急，但它却决定了你的未来。

假如是 3，则说明你的工作效率很低。你总是盲目地追随琐碎的事务，而不考虑它对你是否有很大的影响，你会发现自己的时间总是不够用。如果不努力改变这种现状，那么你的生活和工作都将陷入非常被动的局面之中。

假如是 4，则说明你是一个非常情绪化的人，你总是将大量的时间花在毫无意义的事情上，这样下去一点意义都没有。

05　二八法则：决定关键效益的 20% 的工作为先

要分清轻重缓急，不要眉毛胡子一把抓，更不要用平均的精力去处理问题，否则只能一事无成。

美国的时间管理之父阿兰·拉金说："勤劳不一定有好报，要学会掌控你的时间。"掌握时间的钟摆，首先要明确工作的主次。不分轻重缓急地工作，把时间用在没有多大意义的事情上是浪费时间的首要原因。

我们先来看一个例子。

著名设计师安德鲁·伯利蒂奥曾经是一个疲于奔命的工作狂。

他每天把大量的时间用在设计和研究上，除此之外，他还负责公司很多方面的事务。他风尘仆仆地从一个地方赶到另一个地方，不放心任何人，每一件工作都要自己亲自参与了才放心，所以他看起来忙碌极了。

"为什么你整天忙得晕头转向？"有人问。

安德鲁无奈地说："因为我管的事情太多了，而我的时间又太少了！"

时间长了，安德鲁的设计受到很大影响，常常到最后关头才拿出作品，并且因为时间紧张，作品的质量常常不尽如人意，更别提取得令人骄傲的成绩了。安德鲁对此很不解，便去请教一位教授。

教授给出的答案是："你大可不必那样忙。管理好你的时间，做对你的事情就行。"

正是这句话给了安德鲁很大的启发，他在一瞬间醒悟了。他突然发现自己虽然整天都在忙，但能产生真正价值的事情实在是太少了。这样做实在是一点好处也没有，反而会制约目标的实现。

此后，安德鲁调整了时间分配，他洒脱地把那些无关紧要的小事交给助手，自己则把时间集中用在设计工作上。不久，他写出了《建筑学四书》，此书被称为建筑界的“圣经”，他成功了。

对每个渴望成功的人来说，时间是最重要的资产，每分每秒在逝去之后再也不会回来，成功的关键在于如何掌控自己的时间节奏，高效地运用每时每刻。学会有效地管理时间，才能保证做事的效率，这就涉及管理学上的“二八法则”，即意大利经济学家帕累托所提出的 80/20 法则，即要把 80% 的时间花在能获取关键效益的 20% 的工作上，掌握了这个法则，自然就能忙到点子上、忙出高效来，进而获得成功。

管理顾问瑞克希就是一个出色的时间管理者，他总是能够高效地利用自己的时间，坚持用 80% 的时间做 20% 的事，他的成功看起来很轻松。下面就来看看他是如何做的，相信我们能够得到不少启示。

瑞克希并不是工作狂，他逍遥自在、业绩斐然。

瑞克希的手上从未同时有 3 件以上的急事，通常一次只有一件，其他的则暂时摆在一旁，而且他会把大部分时间用来思索那些最具价值的工作，比如公司的总体发展规划、年度工作任务、行业发展前景等。

瑞克希只参加重要客户的会议，走访一些重要的顾客，然后把所有精力用来思考如何实现与重要客户的交易以及公司如何能够获得最大利益，接下来再安排用最少的人力达成目的。

瑞克希把产品的相关知识传授给下属，并时常会观察公司中谁是某项工作最合适的执行者，确定对象后，他会将该下属叫到办公室，解释他对每个人的要求，让他们放手去做，自己做的只是时常盯一盯工作进度。

瑞克希的事例告诉我们，那些做事高效的人不会像老黄牛那样只知道一味地做事情，而是懂得把有限的时间放在最重要的事情上，利用有限的时间创造出最大的价值。一个人的价值大了，成功的资本也就强大了。

“二八法则”又称为“80/20法则”“帕累托法则”“最省力法则”“不平衡原则”等，帕累托从研究中归纳出这样一个结论：如果20%的人拥有80%的财富，那么就可以预测出10%的人将拥有约65%的财富，而50%的财富是由5%的人所拥有的。“二八法则”无时无刻不在影响着我们的生活，然而人们对它知之甚少。

当我们把“二八法则”应用到时间管理上时，就会出现以下假设：一个人大部分的重大成就，包括一个人在专业、知识、艺术、文化或体能上所表现出的大多数价值都是在他人生少部分时间里取得的。如果快乐能测量的话，则大部分的快乐发生在很少的时间内。而这种现象在多数情况下都会出现，不论这种时间是以天、星期、月、年，还是以一生为单位来度量，用“二八法则”来表述就是：80%的成就是在20%的时间内取得的；反过来说，在剩余80%的时间内只创造了20%的价值。换言之，一生中80%的快乐发生在20%的时间里，也就是说，80%的时间只获取了20%的快乐。

如果承认上述假设，那么你将得到4个令人惊讶的结论。

结论一：我们所做的事情中，大部分是低价值的事情。

结论二：在我们所有的时间里，有一小部分时间比其余的多数时间更有价值。

结论三：若我们想依此采取行动，就应该采取彻底的行动，只做小幅度改善没有意义。

结论四：如果我们好好利用 20% 的时间，将会发现，这 20%的时间是用之不竭的。

由此可见，只有养成做要事的习惯，对最具价值的工作投入充分的时间，工作中重要的事才不会被无限期地拖延。

坚持要事第一，把握好关键的 20%，分清楚事务的轻、重、缓、急，将自己的主要精力集中在最重要的事情上，这是“二八定律”，即帕累托定律告诉我们的。记住这个定律，并把它融入工作当中，对最具价值的工作投入充分的时间，否则你永远都不会感到安心，你会觉得自己陷于一场无止境的赛跑中永远也赢不了。“分清轻重缓急，设计优先顺序”，这就是管理时间的精髓。

06 找准工作时机，才能事半功倍

追求成功，就要学会克服自身的缺点和不足，学会在正确的时间做正确的事情。

人要想获得成功，有时光靠“做”是不行的，还要找对机会，只有在最正确的时间内做最正确的事情，才能获得成功。时机不到时要克制自己的冲动；时机一到，便要用强大的自律精神约束自己，让自己赶紧投入到工作中。

黄潇潇来这家公司的时间不短，工作上也没有比别人少出力气，但在自己的工作岗位上就是难以获得与付出相应的业绩，因此她一直以来都得不到提升的机会，这让她感到很苦恼。

有一天，黄潇潇把自己的情况告诉了她的上司，上司问她："你是不是每天都在很忙碌地工作？"黄潇潇回答说："是啊，别人上班我也来上班，别人下班了我还没下班呢。"上司继续问她："那你每天的工作流程是什么？"黄潇潇想了想，说："我每天早上一起来就给客户打电话，一直要打到中午12点，然后下午整理文件。你知道，对于我们做业务的来说，联系客户是第一位，所以每天上午我把最理想的工作时间都用来联系客户了……"

黄潇潇说到这里，上司打断了她的话，因为上司已经知道她工作效率低下的原因了。上司对她说："这样吧，你明天上午来公司什么都不要干，你要做的就是在下午的时候联系顾客，然后次日上午整理文件。你就照我说的办吧。"

从办公室出来后，黄潇潇对上司的话将信将疑，她认为自己那么辛苦地工作都没有做出好业绩，而上司叫她明天上午什么也不做，这样就能取得成绩吗？虽然她对上司的话有所怀疑，可还是照着上司的方法去做了。结果没几天，黄潇潇就发现自己的业绩有所好转，这让她感觉很意外，她又去找上司请教奥秘。上司对她说："你原先工作业绩不好的原因在于你对工作时间的安排有误，你在上午的时候联系顾客，你想想，这个时候顾客要么是在上班的途中，要么还在睡觉，你选择此时联络他们能有好效果吗？你的问题其实就是在错误的时间做了错误的事情。"

案例中的黄潇潇，其工作效率低下的原因不是她工作不够努力，而是她对于工作时间的安排不够科学。这样的人虽然看起来非常自律，但是由于没有合理地安排时间，找不到最好的时机，效率往往非常低下。

真正的自律并不仅仅是逼着自己做事，而是要学会管理自己的时间，让自己在正确的时间做正确的事情。有些职场人做事情不考虑时机性，什么时候想起来什么时候做，这样很难取得好效果。大体说来，职场人办事不考虑时机主要有以下几种情况：

汇报工作时不考虑上司是否有时间。上司着急要出门，你去汇报工作，他哪里还有心情听你汇报？上司手头上正有很重要的事情，你去找他，他听也不是，不听也不是，你汇报工作哪里还有什么效果？抓不住有利时机去和上司沟通就难以取得效果，工作效率又从何谈起？

同事都在忙自己的事情，你去找他帮忙。同事之间相互帮忙是很正常的事情，可是你却选择大家都在忙的时候去找别人，这分明是存心给同事出难题。即使同事答应帮你，也是敷衍了事，到最后你还得返工，肯定会影响你的工作效率。

找准时机的重要前提就是审时度势，客户明明不想和你交谈，你却没有发觉，即使客户硬着头皮和你谈下去，效果也不会好。上司虽然不太忙，但是他的心情不太好，而你仍然去找他争论工作上的对错，自然难有什么结果。这都是因为你在不正确的时间内做了不正确的事，是自找苦果。

有些人无论做什么事都着急，从来不考虑时机。古人早就说过，欲速则不达。有些职场人偏偏是急性子，遇事总想第一时间就解决。殊不知，很多事是需要时机去处理的，不是说你越快处理效率就越高。时机不到，即使付出再多的努力也是枉然；时机到了，顺水推舟便能有效地处理了。这其实就是在正确的时间内做正确事情的真谛。

以上都是职场人办事不考虑时机的表现，在职场中，只要稍加观察，就能发现凡是有这些问题的职场人，其工作效率都不会太高。那些真正高效率的职场人不见得花在工作上的时间有多长，但他们一定会抓住最合适的机会去办事。

职场中，每个人都是 8 小时工作制，都付出同样的汗水，可是每个人的业绩却有很大的不同，这就是因为有些人善于在正确的时间内做正确的事情，而有些人则是把精力都浪费在了不正确的时机上，久而久之，职场人之间的差异便产生了。

所以，职场人应该锻炼自己掌握时机的能力，让自己变得更加睿智和高效。在正确的时间内做事，能让职场人事半功倍地完成眼前的工作，这一点是每个职场人都希望看到的。

第四章

习惯管理：用小行为影响大人生

从某种意义上说，“习惯是人生最大的指导”。

因为很多时候，一个小小的坏习惯就能让我们饱尝苦果。

所以，要培养自律的意识，就要从战胜小毛病开始，不断积累自己的自控能力。

01　习惯是自控力的最大体现

增强自己的自控能力，改变一些不好的习惯，你才能真正地做到自律。

从一个人的习惯就可以看出他的自控能力，因为习惯是自控能力的体现。一个人自控能力的强弱就体现在他在日常生活和工作中有意或无意间表现出的习惯上。

然而，什么是自控能力呢？所谓自控能力就是一个人善于自我支配和自我调节的能力。心理学认为，自我控制能力是自我意识的重要成分，它是个人对自身心理和行为的主动掌握，是个体自觉地选择目标，在没有外界监督的情况下适当地控制、调节自己的行为，抑制冲动、抵制诱惑、延迟满足、坚持不懈地保证目标实现的一种综合能力。良好的自控能力也是一个成熟的人进入社会最主要的标志之一。

如果一个人缺乏自律精神，没有自控能力，干什么都无所谓，那么什么也都会对他无所谓；相反，如果一个人做什么事情都能自我约束、仔细认真、精益求精，那么成功也就离他不远了。

不仅如此，一个人的习惯还会影响他的品格，从而影响其日后的发展。有些青年原来品格优良，但因为后来沾染了一些恶习，结果再也没有出头之日。很多年轻人一开始很不注意自己的习惯，觉得那只是暂时的小事，但是久而久之，他们可能会因为一些恶习而为他人所排挤，开始反思：真没想到那样随便玩玩也会成为改不了的恶习。但是，这时懊悔又有什么用呢?

一个有志成大事的青年为了自己的前途，无论如何都要抵制不良诱惑，在任何诱惑面前都要坚定决心、不为所惑。他必须永远善于自我克制，他的娱乐项目应该是正当而有意义的，否则只要稍动邪念，就可能一下子毁掉自己的信用、品格和成功。如果仔细分析一个人失败的原因，就可知道多半是因为此人缺乏自控能力和有着种种不良的习惯。

美国石油大亨保罗·盖蒂曾经嗜烟如命。

在一次度假中，他开车经过法国，天降大雨，他在一个小城的旅馆停了下来。吃过晚饭，疲惫的他很快就进入了梦乡。

清晨两点钟，盖蒂醒来了，他想抽一根烟。打开灯后，他很自然地伸手去抓桌上的烟盒，不料里面却是空的。他下了床，搜寻衣服口袋却一无所获，他又搜索行李，希望能发现无意中留下的一包烟，结果又失望了。此时，旅馆的餐厅、酒吧早已关门，他唯一可以获得香烟的办法是穿上衣服走出去，到几条街外的火车站去买，因为他的汽车停在距旅馆有一段距离的车房里。

越是没有烟抽，想抽烟的欲望就越大，有烟瘾的人大概都有这种体验。于是盖蒂脱下睡衣，穿好出门的衣服，在伸手去拿雨衣的时候，他突然停住了，他问自己：我这是在干什么？

盖蒂站在那儿寻思：一个所谓有修养的人，而且相当成功的商人，一个自以为有足够理智对别人下命令的人，竟要在半夜三更离开旅馆，冒着大雨走过几条街，仅仅是为了得到一支烟。这是一个什么样的习惯？这个习惯的力量竟如此强大。

没过多久，盖蒂下定决心，把那个空烟盒揉成一团扔进了纸篓，脱下衣服，换上睡衣回到了床上，带着一种解脱甚至是胜利的感觉，几分钟就进入了梦乡。

从此以后，保罗·盖蒂再也没有抽过香烟，当然，他的事业越做越大，最终成为世界顶级富豪之一。

烟瘾很大对任何人来说都不是一个大的缺点，但保罗·盖蒂却坚持改变，这是因为他意识到习惯的巨大力量。一位理智、成功的商人居然会为一支香烟而六神无主，如果是在休闲时间倒没什么影响，但如果是在谈一笔大买卖时，这个习惯则会影响自身的判断，进而影响整笔生意的完成。一个人要是沉溺于坏习惯之中，就会不知不觉地把自己毁掉。

是的，习惯的力量是巨大的，因为它具有一贯性。通过不断重复，它使人们的行为呈现出难以改变的特定的倾向。就像一句古老的箴言所说："习惯就像一根绳索，每天我们都织进一根丝线，它就会逐渐变得非常坚固，无法断裂，把我们牢牢固定住。"据研究，人们每天高达90%的行为是出自习惯的支配，可以说，几乎每一天，我们所做的每一件事都是习惯使然。

好的习惯使我们受益，让我们很自然地去做某些事情，而无须在意志方面付出巨大的努力；坏习惯则是我们行动的障碍，且腐蚀着我们的意志力，我们很容易受它的控制，成为它的奴隶，意志坚强的人也不例外。

每个人都有一些坏习惯，能否改正就是卓越和平庸之间的分界线。诚如奥利弗·克伦威尔于17世纪初期曾经说过的："不求自我提醒的人，到最后只会落得退化的命运。"因此，改掉坏习惯是永远都要做的一件事。

02 从节俭开始，学会控制欲望

当你养成勤俭节约的好习惯，学会控制自己的欲望的时候，你才能真正地做到正确、有效地管理自己，才能接近成功。

节俭不仅是获取财富的一块基石，也是许多优秀品质的关键。节俭可以提升个人的品性，厉行节俭对人的其他能力也有很好的助益。节俭在许多方面都是人们卓越不凡的一个标志，节俭的习惯表明了人的自我控制能力，同时也证明了一个人不是其欲望和弱点的不可救药的牺牲品，他能够支配自己的金钱，主宰自己的命运。

爱默生曾说过："节俭是一生用不尽的美德。"节俭就像一面镜子，折射出人格的光辉。一个懂得节俭的人，不管是贫穷还是富有，都必定是一个懂得严格要求自己的人，这样的人也必定是一个拥有成功人生的人。

别想一下子就造出大海，罗马不是一天建起来的，任何让小钱溜走的人绝留不住大钱。不要以为一分钱就不是钱，财富就是依靠许多的一分钱积攒起来的。也不要看不起视一分钱也是财富的人，正是因为他们有这样的金钱观，养成了勤俭节约的好习惯，才有了财富的日渐积累。

洛克菲勒在起初步入商界的时候，经营可谓步履维艰，他对发财朝思暮想，但就是无法成功。一天晚上，他从报纸上看到一则广告，其内容是推销一本发财秘诀的书，对此他非常高兴，第二天就急急忙忙到书店去买了一本。他迫不及待地把买来的书打开看，没想到书内仅印有"勤俭"二字，其余再没有任何内容了，这让他非常失望和生气。

于是，洛克菲勒的思想十分混乱，几天寝不能眠，他反复思考该"秘诀"在哪里。刚开始，他还以为书店和作者在欺骗他，于是想指控他们，但是后来，他越想越觉得此书言之有理。的确，要发财致富，除了勤俭之外，别无他法。到了这时，洛克菲勒才恍然大悟。

此后，洛克菲勒把每天应用的钱加以节省并储蓄起来，同时加倍努力工作，想办法增加自己的收入。就这样坚持了 5 年，洛克菲勒积存下了 800 美元，然后将这笔钱用于经营煤油。在经营的时候，他精打细算，想尽一切办法节省开支，把盈利中的大部分储存起来，到一定时间把它投入石油开发。如此一来循环发展，如同滚雪球一般使其资本越来越多，生意也越做越大。通过 30 年的"勤俭"经营，洛克菲勒终于成为美国最大的 3 个财团之一的领导者。1996 年，他经营的石油公司，其年营业额达 1100 多亿美元。

然而，当洛克菲勒成为亿万富翁后，其经营管理仍以精于节约为特点。他对员工的要求是：提炼一加仑原油的成本要算到小数点后的第三位。一上班，他就要求公司各部门把一份有关成本和利润的报表交到他手上。多年积累下来的商业经验使洛克菲勒熟稔经理们交上来的成本开支、销售以及损益等各项数字，他经常会从中发现很多问题，并且以此指标考核每一个部门的工作情况。1879年的一天，他质问一个炼油厂的经理："为什么你们提炼一加仑原油要花19.8492美元？而东部的一个炼油厂干同样的工作只花19.849美元？"这也是世人对洛克菲勒的评价，他是统计分析、成本会计和单位计价的一名先驱，是今天大企业的"一块拱顶石"。

洛克菲勒在老年时，一天，他向他的秘书借了5美分。当洛克菲勒还秘书钱的时候，秘书不好意思要，他当即大怒："记住，5美分是1美元1年的利息。"可见他对金钱的节俭态度。

由此可以看出，即使是亿万富翁也要懂得节俭，不能让自己变得挥霍无度。但凡成功的商人，不管他们多有钱，都不会随意挥霍钱财。接待客人时，他们以让客人吃饱吃好为目的，不会讲排场或乱开支。在现实生活中也是以积蓄钱财为目的，决不会用光吃光。有人测算过，根据世界的标准利率来计算，如果一个人每天储蓄1元钱，那么在88年后，他就可以得到100万元。88年虽然长了一点儿，不过这些储蓄在实行了10年、20年的时候，或许会得以利用。所以，在很多时候，你不应抱怨自己赚钱少，而应该责备自己没有足够的自律来积攒钱财。

成功的富豪都有一个成功诀窍，那就是崇尚节俭、爱惜钱财。譬如美国连锁商店大王克里奇，将商店开到了世界各地，他的资产数以亿计，但他的午餐从来都是1美元左右。美国克德石油公司领导波尔·克德也是一位以节俭出名的大富豪。一天，他去参观狗展，在购票的地方看到一块牌子写着这样一句话："5 时以后入场以半价收费。"之后，他看到手表上显示的时间是 4 时 40 分，于是就在入口处等了 20 分钟才购半价票入场，节省下 0.25 美元。要知道，克德公司每年的收支超过数亿美元，他之所以节省 0.25 美元，完全是受节俭习惯和自律精神所支配。当然，他的节俭精神也帮助他成为一位富豪。

只有对钱财有爱惜之情，它才会聚集到你的身边，你越尊重它、珍惜它，它越会心甘情愿地跑进你的口袋。自律的理财习惯不仅是一种习惯，更是一种精神，它让你拥有成为富翁的潜力。

对金钱不但要爱惜，还要学会保护，用现代流行语说就是要"开源节流"。犹太富商亚凯德曾经说："犹太人普遍遵守的原则就是不会让自己的支出超过自己的收入。如果支出超过自己的收入，那便是很不正常的现象，也就根本谈不上发财致富了。"

一旦养成了勤俭节约的好习惯，你会发现每节约一点儿，结果就大不一样。如果你养成了节俭的习惯，那么就意味着你具有控制自己欲望的能力，意味着你已开始主宰你自己，意味着你正培养一些重要的个人品质，即自力更生、独立自主。换句话说，就意味着你有了追求，不断地努力下去，你将会成为一个成功之人。

03 注重理财，人格独立才能经济独立

理财，是致富的有力武器。要理好财，不可或缺的就是自律，理财能力也最能体现自律的能力。

不管你赚了多少钱，都不要有抱怨的心理，但是理财之心一定要有。也许你现在赚得不多，觉得理财是一件可有可无的事情，但是别忘了，勺水渐聚成沧海，分秒累积成整天。如果你拥有这样的自律心态，理财也就不会成为一件难事了。

在现代社会，我们随时都会面临机遇和挑战。国家经济每天都在迅猛发展，物价持续走高，孩子未来的教育费用让人忧心忡忡……一切的一切都在迫使我们要学会理财。理财是自律的一种真实呈现，如果我们不去理财，只会被社会淘汰。

孙晓龙从小家庭状况就不错，每天都是一副不知天高地厚的样子，更没有丝毫理财的观念。

参加工作之后，孙晓龙脱离了父母的掌控，花起钱来就更加肆无忌惮了，他觉得，钱都是自己赚的，每个月花光是理所应当的。只要是他喜欢的东西，不管多贵，他都会买回家。他出手极为大方，尤其是为女朋友埋单的时候从来没有皱过一下眉头，这样的做法让他感觉很潇洒自在。结婚后，他们夫妻两人依然过着无忧无虑的生活，一个人“月光”偶尔会感到“孤单”，夫妻两人一起“月光”，就会让人感觉到理所应

当了。

有一天，夫妻两人回到家中，老妈问起他们的小日子过得怎么样、现在存了多少钱。

孙晓龙高兴地回答：“我现在想买什么就买什么，从来都没有节制，也没有计划，现在手上没有存钱，但是我感觉很充实。”

老妈感觉很是头疼：“凡事预则立，不预则废。如果你现在不存钱，将来一定会后悔的。现在你们要对经济做一个规划，多存钱，这样生活才会过得从容淡定。”

老妈的一席话彻底浇醒了孙晓龙。孙晓龙仔细想想，自己今后的道路还很漫长，充满了很多不确定的变数，自己真的应该好好计划一下钱包了，免得今后钱到用时方恨少。在老妈的帮助下，孙晓龙制订了一个存钱计划，为他今后的开源节流打下了坚实的基础。

现代社会是一个不断变化的社会，如果你想要一劳永逸地度过一生，显然是不太可能的。当外界不断变化的时候，就需要你不断随之变化，以达到与之相适应的目的。就像一句话所说的那样，改变所能改变的，接受所能接受的。现代社会就是一个要学会理财的社会，如果你不去理财，那么留给你的将会是坐吃山空的惨痛结局。

很多人认为，自己是工薪阶层，根本没有资格去谈论理财这件事。如果这样想，你就大错特错了。世界上，不管多么富有的人，他们的钱也是一分一分赚出来的。如果你每月拿出500元进行投资，假设你的年投资回报率是10%，那么30年后，你就是一个不折不扣的百万富翁了。理财一小步，人生一大步。如果你不去理财，就算赚得再多也成不了富人。

既然走进了职场，你就应该分清主次，而每月一次的薪水是我们生活中不可或缺的一部分。一些人总是羡慕别人富有，却总是希望用贪婪和吝啬来使自己变得富有，这是非常不理智的。想要变得富有，就应该去理财。理财其实就是投资，想让自己手上的钱增值，光靠等、吝啬、贪婪是不可能实现的，这些只会败坏你的人品，根本不可能让你手中的钱变得越来越多。学会理财，让理财为你的未来积累价值，这样你才会觉得自己的人生有条理、有未来。

唐饶毕业之后就来到一家企业工作，她每个月只有2500元的收入。这点儿收入只能够维持她每天的基本生活，生活中的很多开销让唐饶非常头疼。

唐饶的家庭情况不是太好，上大学的时候，她每天都要去打工，以此筹集生活费。毕业之后，唐饶的5万元助学贷款也到了还款日期，她每个月都需要还款1500元，这笔贷款需要偿还3年。每月，唐饶都要交550元房租费，吃饭还要用去500元，再加上其他一些消费，就导致唐饶的每个月工资刚好够花。半年过去了，唐饶发现自己仅有一张1000元的存款单。

22岁的唐饶很希望自己能够在5年内积攒下一笔存款当做自己的嫁妆。有同事劝唐饶说，目前最好的理财方式就是基金定投，也有同事说，应该购买债券或者是银行利率较高的理财产品。

唐饶和同事认真交流了一番，最终制订了自己的理财计划，迈出了理财的一小步。

有句话说得好："经济独立了，你的人格才能独立。"经济基础决定上层建筑，如果你连自己的经济都不能独立，你还能做些什么呢？只有有了经济做后盾，你才能去做自己想做的事。

既然进入了职场，就要宣告自己独立，不要再沦为金钱的奴隶，要做金钱的主人。在市场经济时代，创富是一种能力，理财更是一种能力。理财是一个财富积累的过程，从长远来考虑，要合理化消费与投资，实现财务自由是每个人一生的必修课。

21 世纪的新兴人才不仅应该有智商、情商，更需要有财商，体现财商在于要有良好的理财习惯。理财是一种态度，如果你不去理财，就会让你身上的钱无缘无故地从身边溜走。养成良好的理财习惯，你才能把钱花在“刀刃”上，才能不让自己的钱财盲目流失。

不管怎样，都要养成良好的理财习惯，必要的时候准备一个账本，认真分析每一份收入与支出，弄清楚哪一份支出是可以避免的。保持一个星期之后，你就会真正理解到理财的好处，这样就可以让你在职场中积累到更多的资金，积累到更多的人生价值。

04　做好细节，职场细节是决定差距的关键

细节在很大程度上决定着做事情的好坏，因此要在细节上下足功夫。只有处理好每一处细节，才能在竞争中遥遥领先。

作为职场人，应该细心一点，多注意一些细节。只有把握好每一个细节，才能得到上司 100% 的信任。在现实职场中，许多职场人就是因为细节的缺失而给自己带来了许多不必要的麻烦。

小孙是个能力很强的员工，他的工作业绩在单位是数一数二的，但是却一直得不到上司的重用。上司其实也知道小孙这些年来为公司做了不小的贡献，也在考虑提拔小孙，但是无奈小孙在很多地方不注意，这让上司很不放心，决定再观察他一段时间。

这一天，上司一进公司就准备找小孙谈话，可走进办公室的时候，小孙正在和旁边的同事嘻嘻哈哈地闲聊，上司当时很不高兴，问小孙："小孙，你的工作做完了没有？"小孙回答说："都做完了啊。"上司也不好再说什么，便气呼呼地走了。

没过几天，小孙又犯了个错误，他把公司一个多余出来的鼠标拿回家自己用了。上司为了这件事情专门询问他："小孙，你原来的那个鼠标呢？新来的同事那边少一个鼠标。"小孙很不好意思地说："呵呵，那个鼠标让我拿回家了，我看咱们公司也没人用，我明天给你拿回来……"

"不用了，你留着自己用吧。"上司说完就走了。

小孙这两个细节性的错误让上司对他很不满意，将本来打算给他升职的计划也取消了。但是鉴于他工作上的成绩是有目共睹的，所以还是决定给他加薪。加薪之前，上司还是有些不放心，就去前台那里查看出勤记录。查到小孙的时候，上司惊奇地发现，小孙竟然在一个星期内病了3天，请了3次病假。上司认为这根本就是不可能的，于是把加薪的计划也取消了。

事例中的小孙，虽然其工作能力得到了上司的认可，但是他却因为自己没能掌握好细节而失去了加薪、升职的机会。许多职场人在工作中也会经常犯和小孙相同的错误，殊不知，这些小错误给自己带来了许多不利影响。

在工作中，职场人做好自己的本职工作其实并不难，难就难在对任何小细节都做到一丝不苟。同事们的工作业绩可能与你相差不多，那么怎样才能超过他们，让上司对你另眼相看呢？答案就是“细节”。从细节入手，做好每一件小事，就是你超越同事的最好方法。可是许多职场人至今还认为只要工作出色，其他的一切都是次要的，这种想法可能会让他们吃不讲细节的亏。

有的职场人即使在办公室里也不注意着装，在上班的时候穿着牛仔裤与休闲鞋，他们认为这又不会影响工作，没什么大问题，其实不尽然，上司希望自己管理的团队犹如军队般整齐划一，而你的这身休闲打扮却完全破坏了办公室的整体性，他们怎么会高兴？有的员工喜欢在上班的时候打私人电话，而且非常频繁，他们认为打个电话又不影响工作，没关系。殊不知，上司对于这种破坏办公室气氛的行为早就心存厌恶了。

还有的员工喜欢工作时嚼口香糖，然而办公室不是NBA赛场，你也不是什么明星大腕，当上司看到你这种情况时，说不定在他们心里，一股无明之火早就油然而生了。

诸如此类不该触犯的小细节在工作中比比皆是，职场人稍不注意就可能给上司留下坏印象，到时候因为这些小细节而失去升职、加薪的机会就太不值得了。

把握细节，除了能够让自己不被一些小错误困扰之外，还能提高工作效率。很多人在工作的时候大大咧咧、丢三落四，因为一个小失误而返工是经常的事情，这极大地影响到工作效率。职场人在工作的时候应当好好把握细节，细节决定工作的效果。工作中把握好细节有以下几个要点：

首先，从态度上重视。做任何事情都需要认真求实的态度和工作作风，一板一眼、扎扎实实才能把工作做好。有些职场人过于浮躁，为了早日完成工作而不注重细节的把握，这样会对工作质量和工作效率造成很大影响。其次，认真做好工作计划，把工作中的每个步骤都细节化、具体化。在得到一项新任务的时候，不要着急去干，事前应该把每个步骤进行分解，从简单到复杂，再到简单，在这个过程中需要对每一个环节进行量化、实施、跟踪、评估、改进。最后在节点的环节进行总结，把已做完的事情系统化，这样才能避免工作中的脱节，使自己的工作更有效率。

总体来说，这3点都是很细节的环节，但是如果把这些细节性的环节都做到了，那么工作就会变得高效而富有质量。职场人需要把握细节来避免失误、提高效率，一个能够成功掌握细节的职场人才能真正掌控全局，获得上司的垂青，这是每个职场人都应该明白的道理。

“合抱之木，生于毫末；九层之台，起于累土；千里之行，始于足下。”可见，任何一次成功都离不开细节。一根链条，最脆弱的一环决定其强度；一只木桶，最低的地方决定其容量；而一个人，最差的品格决定其发展。祸患常积于疏微，而智勇常困于所溺。从一个细节中，我们有时可看出事态的发展趋势。当纣始为象箸，箕子就曾叹曰：“彼为象箸，必为玉杯；为杯，则必思远方珍怪而御之矣。舆马宫室之渐自此始，不可振也。”或许有人会说，“大行不顾细谨，大礼不辞小让”“做大事不拘小节”，然而殊不知，“大丈夫应扫天下，一屋不扫，何以扫天下”！

有一种颇为流行的说法：看历史要看大势，看形势要看主流，看人物要看大节。这自然没错，但不要忘记，小事、细节也以其生动、直观、真实的特点而显得更鲜活、更有魅力，为人所喜闻乐见、津津乐道，而且也可由小见大、见微知著。伟业固然令人神往，但构成伟业的却是许多毫不起眼的细节，只有做好每一个细节才有可能成就伟业。因此，唯有改变心浮气躁、好高骛远的毛病，脚踏实地、从小事做起、注重细节，方能成功。

05　每天多做一点儿，就离成功更近一点儿

在职场中，无论你身处什么位置，都应该比自己分内的工作多做一点。只要每天多做一点，通往目标的路就会近一点。

多做一点点听起来很容易，可有多少人真正做到了呢？有的人认为这不是挑战，其实这就是最大的挑战。在工作中，如果敢于多承担一点儿，多做一点儿，并持之以恒，你就能创造出非凡的业绩。

要知道，成功和失败往往体现在日常微不足道的习惯上，一些小的行动往往会产生很大的差异。正是每天提前 5 分钟开始工作、多打一个电话、多联系一个客户、多思考一个问题、多总结一次工作，这一点点的积累造就了那些成功的人，毕竟没有一个人是一下子获得成功的。

从自身的角度来讲，多做并不吃亏，万事都有因果。做得多，经验积累得就多；做得多，得到的回报也就多。这种回报不仅仅指的是领导发给你多少工资，还有同事的认同、自身价值的体现等。只要你是个有心人，今后发展的机会必然会多于他人。

无论从事哪一项工作，只要你肯付出，终有一天，额外的工作会为你带来意想不到的收获，因此多做一点点是一种好习惯。只要你每天多

做一点点，成功也就会离你更近一点儿。多做一点点是一种习惯，更是一种职业精神，只要坚持去做，就会改变你的整个职业生涯，影响你的一生。

查理·贝尔是澳大利亚人，曾是麦当劳公司一位杰出的首席执行官。他也是第一位担任麦当劳的首席执行官的外籍人。他从一个打扫厕所的勤杂工做起，一步步登上了事业的巅峰。虽然他英年早逝，但他“多做一点点”的精神激励着一代代的麦当劳员工。

2004 年 4 月，查理·贝尔被提名为麦当劳首席执行官，其实他早在 15 岁那年就与麦当劳结下了不解之缘。当时，他家境十分贫寒，为了生计来到悉尼一家麦当劳打工。第一次去应聘的时候，这家店的经理里奇看他瘦骨嶙峋、营养不良，而且长相、穿着都显得很土气，便以暂时不缺人手为由委婉地拒绝了他。但贝尔没有就此放弃，很快他又来了，再次恳请给他一份工作，并说不要薪水，只要管饭就行。

这位经理看着贝尔，贝尔利用他犹豫的机会小声说：“我看您店里厕所的卫生情况不太好，没准会影响您的生意，要不就安排我打扫厕所吧。”里奇见贝尔实在可怜，就同意将他留在店里，但说明只是试用。扫厕所是一个又脏又累的活儿，几乎没人愿意干，但贝尔却很珍惜这份来之不易的工作机会。

在试用期间，他踏踏实实地干活，每天天不亮就起床把厕所彻底打扫一遍，每隔 1 小时就去查看一下，发现脏了马上再打扫一遍。在工作中，他还总结了一些经验，比如先清理大的纸张，然后在又湿又脏的地方撒上干灰，把水吸干后再扫，就能扫得非常干净。为了维持厕所的清洁环境，他还别出心裁地特意在厕所周围摆上一些花草，以便给顾客多一点儿美的感受。为了增添文化气息，他还在厕所的墙上贴上一些类似“生命无法重来”的格言警句。这一举动颇受顾客的欢迎，也引起了麦当劳公司领导的注意。而且除此之外，他还做了擦地板、翻烘烤中的汉堡包等力所能及的事。他所干的这一切都被总经理里奇看在眼里。

3个月的试用期过后，贝尔理所当然地被正式录用，成为麦当劳一名正式员工，接受了正规的职业培训，之后他被安排到店内的各个岗位实习。贝尔没有辜负里奇的一片苦心，经过几年的锻炼，全面掌握了生产、服务、管理等各个环节的工作流程，年仅19岁就被提升为麦当劳澳大利亚公司的店面经理，27岁成为麦当劳澳大利亚公司副总裁，后来，他又被调到美国总部，先后担任亚太、中东、非洲及欧洲地区的总裁。2002年年底，他被提升为首席运营官。2004年4月，他担任麦当劳公司的总裁兼首席执行官，成为麦当劳历史上最年轻的首席执行官，负责麦当劳在118个国家超过3万家餐厅的经营、管理。

这一切看似顺理成章，实际都源于贝尔不断的努力、追求卓越的工作态度和精神。他在每一个岗位、每一个职位上都一如既往地关注细节，以“多做一点点”的精神给下属表率。比如，在顾客用餐最多的时间，他总是和员工们一起去站台服务并亲自接待顾客，这一点是其他任何一位首席执行官都无法做到的。查理·贝尔从一位扫厕所的员工做起，成长为麦当劳的首席执行官，靠的就是这种“多做一点点”的精神。

所以，在工作中，即使是一名普通的员工也要有肯付出的精神，主动比别人更努力一点，每天多做一点点就可以多赢一点，多赢一点就会离成功更近一点。

06　职场中，公私不分明是大忌

在工作中，时时刻刻都要严于律己、公私分明，这样才能形成良好的纪律和职业道德。

公私不分是工作时的大忌，在把握的界限上加强自律，既可以避免让自己陷入以公肥私、以私废公的泥沼，也可以少惹是非，更单纯轻松地投入工作。

公司是讲求效益的地方，任何投入必须紧紧围绕产出来进行。上班的时候处理私人事务无疑是在浪费公司的资源和时间，因此如果你有在工作期间处理私人事务的坏习惯，领导就会觉得你不够忠诚。如果领导有了这样的想法，不用说脱颖而出，估计你离卷铺盖走人也不远了。

上班时间不做私事是公司对每一个职员最起码的要求。也许你会认为这是无伤大雅的小事，但如果每个人都假公济私，在办公室里打私人电话、发私人传真或因私事上网，其直接后果是增加了公司的通信开支。而这，当然是领导不愿意看到的。

在工作岗位上，自律是种非常关键的品质。也许并不是每个人每天都能以最好的状态去工作，但是不管怎么样，请你记住，上班时间千万不要做私事，因为这是职场人最基本的自律，也是一种职业道德。

想要做到公私分明，必须做到以下几点：

1. 上班时间不做私事

这是公司对每一名职员最起码的要求，也是员工对公司最起码的尊重。虽然很多人认为在上班时做点儿私事无伤大雅，但假如每个人都利用公司的资源做私事，比如在办公室里打私人电话、发私人传真或因私上网，无形之中就会增加的开支，到时候公司找你“开刀”就不妙了。如果公司不能赢利，你就得不到更多的薪水，公司倒了你就会失业，不管怎样你都占不到便宜，这种情况是典型的因小失大。

公私分明是职员应该遵守的职业纪律和职业道德。在上班时办私事，不仅会耽误工作进度、影响工作气氛，还会造成公司和职员之间“谍对谍”状况的发生，例如大家都在上班时间办理私事，久而久之，公司就不得不采取防范措施，如电话上锁、计算机加密等，徒增双方的困扰。因此，不在办公室里处理私事，是每个员工都必须加以注意和遵守的。

2. 不侵占公司的物品

不要占用公司的一个纸袋、一个信封、一支铅笔甚至一张信纸，这些看起来微不足道的小细节却反映出一个人的职业操守。

3. 不要把私人物品放在办公室里

在办公室里，除了雨具、备用衣服、餐具、小镜子、梳子等必备用品外，尽量不要把其他私人用品放在办公室里。严格来说，不仅不应该在公用的柜子里放置私人用品，也应该尽量不要在个人办公桌的抽屉中放置过多的私人物品，否则很容易给人留下不好的印象，甚至会让主管觉得你并没有把办公室当做工作场所（但少数讲求个人特质的文化产业属于此原则当中的例外）。

对有些人来说，清楚明确地把公事与私事分开是很难做到的，有太多的“诱惑”会让他们在谨守分寸之间迷失、挣扎，这多半是自律不足造成的。相反地，对另外一些人来说，公私分明是再简单不过的事，因为自律让他们心中多了一道防线。

一位领导曾经这样评价一位当着他的面打私人电话的员工：“我想他经常这样做，否则他怎么连我也不防？也许他没有意识到这有悖于职业道德。”另有某公司的领导说：“我不喜欢看见报纸、杂志和闲书在工作时间出现在员工的办公桌上，我认为这样做表明他并不把公司的事情当回事，他只是在混日子。”

对领导来说，在工作时间处理私人事务的习惯，在很大程度上反映出员工的工作态度。有些领导通常把私人事务的多少当做一位员工是否积极上进、安心本职工作的考核标准。因此，公私不分、在工作时间处理私人事务既影响你的工作质量，也直接影响你在领导心目中的形象。你是否想过，公司付给你的薪水是到下班为止，即使是下班前一分钟也不容许你做自己的事。这些虽都是小事，但却体现出了一个人的工作态度、行为方式、做人理念，因此是不能疏忽的。

07　让敬业精神成为一种习惯

古人说："百行业为先，万恶懒为首。"有了业之后，还要"敬业"和"乐业"，只有敬业，人生才会更精彩。

每个人的身边总有几个极端分子，有的做起事来像拼命三郎，一丝不苟地追求完美，而且勤奋又敬业；有的一天只做两件事：打卡和混日子。偏偏，后者还特别喜欢对前者进行一番冷嘲热讽，时常酸不溜丢地问："这么拼命干嘛？领导又没给你加薪！"因为在这些人眼里，对工作多付出一分，就意味着必须马上获得不止一分的回报，否则绝不愿意多做一点儿分外事，更不用提什么追求完美，那等于浪费时间，也等于是亏本生意。

不过，优秀的人绝不会这么想，对他们来说，敬业态度是本分，就像活着要呼吸一样天经地义，没有理由，只有习惯，这种习惯正是在长年累月的自律中逐步养成的。

一些年资较长的同事或主管常常会发出类似的感慨："现在年轻人的敬业精神已经大不如前。平时工作漫不经心就算了，犯了错还说不得，对他们要求严格一点儿就直接一走了之。能够虚心学习、踏实苦干、认真负责的真的不多了。"

敬业精神原本应该是必备的职业道德，但现实情况却是我们在职场上越来越少看见。如果能把敬业态度转化为一种职业习惯，那么将从中受益终身。

业绩卓著的采购员张一鸣除了专业能力让同事们深感佩服之外，他对工作的敬业精神更值得每一位在职场打拼的人好好学习。

刚毕业的时候，张一鸣花了很长一段时间学习和研究怎样用最便宜的价钱买进货物，使公司更赚钱，当时他甚至还不是一名正式的采购人员，这么做只是因为他将“成为专业采购员”设定为职场目标之一。

在持续努力之下，他果然成功地进了采购部门，此后他开始非常勤奋地工作，千方百计地找到供货最便宜的供货商，买进上百种公司急需的货物。其实张一鸣所担任的采购工作并不需要特别的专业知识，其他部门提出需要采购什么后，他只需要决定到哪儿购买就可以了，但他付出了职责范围以外的努力，兢兢业业地为公司节省了大量资金，成效斐然。

29岁那年，公司将1/3的产品采购任务交给了他，这时他为公司节省的资金已超过80万美元。得知这件事后，副总经理马上为他加薪，而他的付出和努力更赢得了总裁的赏识，连年晋升，36岁那年他被任命为副总裁，年薪超过10万美元。

张一鸣这种对工作的狂热和激情不一定适用于每一个人，但他的敬业精神却值得我们所有人学习与仿效，尤其是隐含在这种敬业精神背后的自律态度更值得人们深思。

所谓“敬业”，就是要敬重你的工作。我们可以从两个高低不同的层次进行理解。从低层次来说，敬业是为了对领导有个交代，出色地完成工作任务；从高层次来说，敬业是把工作当成自己的事业，是对工作具备一定的道德感和使命感。总而言之，“敬业”的表现就是认真负责、一丝不苟、有始有终。拥有自律能力者较容易办到，反之，缺乏自律精神者则很难做到这一点。

有的人没有认清工作的本质目的是“自我价值的提升”，误认为上班是为他人赚钱，因此在工作上总是能混就混，总认为反正不管公司赚钱还是亏钱都和自己没关系，也不用自己去承担。其实，工作敬业，表面上看来是领导获得了好处，但实际受惠的还是自己。因为与不敬业的人相比，敬业的人能在工作中学到更多的经验，而这些经验就是你未来能持续向上发展的垫脚石。就算以后换了公司或行业，敬业精神同样会对你有益。通过自律把敬业转变为习惯的人，不管从事哪种行业都比较容易获得成功。

也许有些人天生就有敬业精神，对于任何工作，一上手就会全力以赴，但多数人的敬业精神则需要后天的培养和锻炼。如果你认为自己还不够敬业，那就应趁年轻的时候强迫自己学会敬业。经过一段时间的自律之后，让敬业变成大脑中的一种习惯。

第五章

情绪管理：拒绝情绪化的自己

情绪是可以管理的。

通过对自身情绪的认识、协调、引导和控制，可以充分挖掘我们的情智，

培养驾驭情绪的能力，从而确保我们拥有良好的状态。

良好的情绪是成功的一大因素，它能让我们在困境中保持坚忍、勇敢，

它也终将把我们引上成功之巅，让我们成为卓有成就的人。

01 能掌控好情绪的人，才能掌控人生

如果你能够恰当地掌握好情绪，那么将在别人心目中留下“沉稳、可信赖”的形象，你的人生也必定会因此而受益匪浅。

米开朗琪罗曾说：“被约束的才是美的。”对于情绪来说也是如此。一个人的情绪如果不能得到有效的调控，遇到喜事时就喜极而泣，遇到悲伤的事情时就一蹶不振，那么人就有可能成为情绪的奴隶，成为情绪的牺牲品。相反，如果能征服自己的情绪，就能征服一切。

当然，情绪有很多种，如希望、信心、乐观、悲哀、愤怒、失望、忌妒、仇恨等，其具体的体现就是我们的心情。

可以试想一下，如果你一会心情忧郁，情绪一落千丈；一会又怒火

中烧，你的朋友们就会对你敬而远之；一会又情绪高昂、手舞足蹈，谁也不愿意与这样情绪不定的人交往合作？而且，情绪不稳定的人对于自己确立的目标也常常不能坚持到底，做事容易情绪化、朝三暮四，高兴了就做，不高兴了就扔在一边，丝毫没有计划性和韧性，这样的人能成功吗？

因此，一个人成功的最大障碍不是来自外界，而是来自自身。除了力所不能及的事情做不好之外，自身能做的事不做或做不好就是自身的问题，是自制力的问题。只有成功地控制了自己的情绪，才能够走向成功。

然而，想要控制情绪却不是一件容易的事情。它需要长时间的调整与改变。例如，在日常生活中，我们难免会遇到愤怒和悲伤的事情，这个时候，要做的不是自暴自弃、忧伤难过、愤怒发火，而是要学会用理智和自制来控制情绪，一定要学会自我调节，千万不能任由负面情绪蔓延。

例如，当我们内心焦躁的时候，要试着理智地分析原因、恢复自信，让自己振奋起来。

当我们感到抑郁的时候，不要把自己封闭起来，要试着通过交谈、运动、听音乐、看书等方式来缓解内心的压抑，让自己慢慢得到解脱。

当我们忌妒的时候，让自己变得宽容一点，试着去发现别人身上的优点，学会欣赏和给予真诚的赞美，不要把时间和精力用在议论别人上。

当我们疲惫的时候，去散散步、唱首歌，消除一下心中的烦恼，清理一下烦乱的情绪，唤起自己对美好生活的憧憬，体会活着的幸福。

人是一种情绪动物，只要与人打交道就自然会有各种负面情绪滋生，但假如任由恶劣情绪控制自己，人生将变得失控。被愤怒控制，会让我们因冲动铸成大错；被烦躁控制，会让我们坐立不安、一事无成；被忧伤控制，会让我们日渐消沉，看不到生活的希望。

总之，驾驭好自己的情绪、增强自控能力是取得成功的一个重要因素，也是获得成功人生的重要法则之一。

02 凭一时的好恶行事，只会一直犯错

人是一种感性动物，虽然有时能够保持理智，但也逃脱不了感性的束缚。仅凭一时的好恶行事，我们只能一直犯错。

与人交往时，关键在于控制自己的感情，保持头脑冷静、自律自省，做到喜怒不形于色，这样人们就无法从言语、行为甚至脸部表情中窥探到我们内心的真实想法。

如果遇到问题就感情用事，发怒、生气，不仅于事无补，反倒会让你的处境越来越糟。想办法去解决摆在面前的问题，克制一时的冲动、谨言慎行，学会冷静地思考、理性地判断，才是真正有用的。

然而，有些人根本没法控制自己的感情，他们一遇到不愉快的事情就怒气冲天，或者一听到高兴的事情就笑逐颜开。如果他们能经常关心别人，反思自我、自律自警，那么一切都会变得更好。这种人可能更习惯让理智控制自己的心情，而不是像大多数人那样让心情控制了理智。

所以，能够理性思考的人才是真正明智的人，而感情用事则是犯错误的开始。

下面是一则关于巴顿将军的故事。

巴顿是一个军事天才、传奇人物，然而两次冲动的“打耳光”事件却让他辛辛苦苦赢得的美名严重受损。

第一次发生在意大利，1943年8月，炎热的午后，跟往常一样，巴顿来到西西里的撤退医院看望伤员。一个帐篷里住着10—15名伤员，他跟战士们聊着，前五六个都是打仗时挂了彩。巴顿问候了他们的伤势，对他们的英勇表现给予了夸奖，并祝他们早日康复。

接着，巴顿走到一个发高烧的伤员前，没说什么就过去了。下一个伤员蜷缩在地上，浑身发抖，巴顿问他怎么回事，他说“是神经问题”，然后就哭了起来。原来，这位伤员患上了名叫“弹震神经症”的战场疲劳症。

巴顿喊道：“你说什么？”士兵答道：“是我的神经问题，我再也受不了炮弹的声音了。”他还在哭。

巴顿大声喊道：“你的神经问题？你是个懦夫！你这个胆小的兔崽子！”他给了士兵一记耳光，说，“闭上你的嘴，别他妈哭了。我不会让其他受伤的勇敢士兵坐在这儿看你这个胆小鬼哭鼻子！”说完，他踹了士兵一脚，士兵倒在地上，头盔衬垫都掉了下来。然后，他扭头对伤员接收官吼道：“不要收留这个胆小鬼，他一点儿事都没有，我可不允许医院里都是些没胆打仗的兔崽子！”

然后，巴顿又转向那个士兵，士兵正在大家的注视下哆哆嗦嗦地挣扎着站起来，巴顿对他说：“你给我滚回前线去，你可能会吃枪子儿、被打死，但你还是要去打仗。你要是不去，我就派人把你按到墙上，找行刑队把你毙了！”他又说，“说真的，我应该亲手把你毙了，你这个哭哭啼啼的懦夫！”边说边把手伸进枪套。走出帐篷时，他还一路上对伤员接收官喊道:“把那个胆小鬼给我送到前线去!”

第二次与第一次的情况差不多。一个士兵向他诉苦说得了“弹震神经症”,他用手套扇了士兵一耳光,骂道:“我不要那些勇敢的孩子们看到你娇生惯养!”

因为不擅自制、感情用事,结果巴顿的工作受到了影响,别人也不那么尊敬他了。

假如你发现自己被一种突然爆发的感情、疯狂或愤怒所控制,那就默默地在心底克制它,至少在你觉得这种情绪尚未消除之前不要讲话。尽可能地保持面色平和、神情自然、注意力集中,如此能帮助你养成处世冷静的习惯,那么你就会成为最终的胜利者。

如果你动不动就生气,那说明你自身还存在很多问题。你得找出这些问题解决它们,然后继续前进。

其实,别的人或事并不能使我们愤怒,我们之所以愤怒,是因为别人点燃了我们内心深处本来就有的愤怒。这个道理很简单,也很容易理解。这就像你切开一个柠檬然后拿起来挤,会挤出柠檬汁一样。如果你把一个发怒的人“切开”,然后拿起来“挤”,挤出的肯定是愤怒。也就是说,如果我们心里本来就没有愤怒,是挤不出愤怒的。

但是,如果我们对自己足够负责,就会控制自己的情绪,就没有什么东西能影响我们了,就可以做到不以物喜、不以己悲。

03　要争气，不要生气

人生不如意事十之八九，与其小题大做、闹情绪，不如从自己身上找原因，做回争气的自己。

哲学家说，生气就是用别人的错误惩罚自己。仔细想想，这句话真是人生的真谛。我们之所以会生气，大部分原因是因为别人对自己犯下了错误。而生气除了能让自己不愉快，又能改变什么呢？这难道不是在用别人的错误惩罚自己吗？因此，与其为别人的错误而生气，倒不如自己努力，给自己争口气实在。

道理很明白，但是很多人却做不到。因为在遇到问题的时候，我们总是喜欢从别人身上找原因，为别人而生气，却很少将问题归结于自己的不足，督促自己进步，获得解决问题的能力。星云大师说，现代人太容易生气了，因此社会到处充满了杀气、火气、怨气、怒气，乃至秽气、戾气，真是到处乌烟瘴气。虽然父母师长时常叫我们要争气，不要生气，可是我们遇到挫折困苦的时候总是不能坚强忍耐，不懂得自己争气。

因此我们应该警醒，有跟别人生气的时间，真不如自己给自己争口气。

所谓争气，就是不因一时的失败而泄气，要能力图上进；不因一时的挫折而丧气，要能奋发图强；不因一时的贫苦而壮士气短，应该鼓舞精神，更加争气。当一个人受到挫折与委屈时，只有自己争气，将愿望转化为动力，将悲愤转化为力量，才能闯出自己的未来。

有一个年轻人经常因得不到领导的赏识而生气抱怨。一天，他去拜访恩师，并向其道出了自己的烦恼。恩师听后，领着这个年轻人到了海边，他弯腰捡起一块鹅卵石抛了出去，扔到了一堆鹅卵石里，并问道："你能把我刚才扔出去的鹅卵石捡回来吗？""我不能。"年轻人回答。"那如果我扔下一粒珍珠呢？"恩师再问，并颇有深意地望着年轻人。年轻人顿时恍然大悟：一味地生气抱怨只能是徒劳，唯有争气，凭借实力迅速脱颖而出，才是明智的做法。

如果你只是一块平常无奇的鹅卵石，就没有生气与抱怨的权利，因为你自身还没有被注意的闪光点。此时就需要争气，不断提升自身的实力，最终成为一粒耀眼的珍珠。到那时，你说话才能理直气壮、掷地有声，最终得到别人的认可与尊重。

要争气，就得先要有志气。立志向上、立志做人、立志争气。立志就是争气的原动力。要想自己不生气，就必须要争气；要想争气，就得先立志。人有志气，又何患无成呢？

一个人想要有忍耐力，就要清楚地知道自己到底想要什么、到底渴望什么，这是开发忍耐力最重要的钥匙。没有明确的目标就像大海里的一片树叶，随波逐流，永远也到不了彼岸。

04 在人生的种种境遇前保持冷静

冷静能够让你的情绪得以克制，无论成功还是失败，你都应该时刻保持冷静。

受挫时要保持冷静，在冷静中镇定反省；成功时更需冷静，在冷静中寻找新的起点，创造更大的辉煌。冷静与思考并生，它使人深邃、催人成熟；冷静即力量，它使人充实、永葆青春。

一个人若不能控制自己的情绪，放任自己的负面心理，便很难获得成功。所以，在困难和坎坷面前，一定要做到心态上的自律，让自己始终保持冷静。

西方有这样一则寓言：一只狮子被猎人捉来后扔进笼子里。一只蚊子飞过这里，看到了在笼子里面不停地走来走去的狮子，便问："你这样走来走去有什么意义？"狮子回答说："我在找我能够逃出去的路。"可狮子怎么也逃不出去，于是它躺下来休息，不再去想逃走的办法。可是蚊子还是在火急火燎地询问它逃出去的办法。

狮子无精打采地说："我现在在休息，因为我找不到逃出去的办法，所以还是耐心地等待机会吧。"

当蚊子还想问时，狮子终于发火了："你总是这样问来问去的有什么意义？我始终都清楚自己在想什么、在干什么，因为我一直保持着清醒，实在逃不出去我也没有办法，我已经尽力了，不像你只会问来问去。"

虽然狮子最终没有逃过被杀死的命运，但是它却始终保持了清醒的头脑，这使它不会感到遗憾，因为该想的办法、该做的努力它都已经试过了。

其实，人也应该这样，始终保持清醒的头脑，只有这样，一生才能了无遗憾与牵挂。这有利于我们更好地完善自己，实现人生的意义。

有句话是这样说的："冷静质疑是理想的筋骨，保持冷静质疑的态度也是清醒的表现。人生中最大的痛苦就是糊涂一生，虽然有时会说糊涂也是一种幸福，但更多的则是悲伤与苦涩。"

冷静说起来容易，但是做起来却很难。我们太容易愤怒、太容易慌张，所以要想冷静就要有强大的自律精神。古今中外，因为不冷静而铸成大错的例子不胜枚举，著名的俄罗斯诗人普希金就是因为不够冷静，当听说自己的情人被他人纠缠时，冲动地找他的情敌比剑，结果白白断送了年轻的性命，成为世界文学史上一大损失。《三国演义》中的关羽也是由于不够冷静，不能对当时的战场情况做正确的分析，一味地蔑视敌人，结果兵败麦城，死于无名小卒之手。

人类有一个有趣的特征，那就是越到需要紧迫做出决定的时候，思想越容易混乱，有的人的思维干脆不做反应了，这就是人们常说的"惊呆了""急懵了""惊慌失措"等。正是因为这种惊呆和急懵，很多不幸就发生了。这时，假如你能情绪稳定、头脑清醒，很多危险都是可以杜绝和化险为夷的。就像伟大的军师诸葛亮一样，司马懿率重兵于城前，他却能够保持冷静的头脑，上演一出"空城计"，令司马懿狐疑不敢前行，最后退去。这是何等的冷静和睿智。

因此，你要记住，越在危急的时候越需要冷静。假如你的生活中出现了重大变故，一定要保持镇静，因为惊慌是有传染性的，你会把这种坏情绪传染给身边的人，这样他们会更加惊慌，从而形成恶性循环，甚至造成很严重的后果。

有这样一个故事，青蛙王国的国王要为女儿选纳夫婿，要求组织一场攀爬比赛，第一个爬到塔顶的青蛙会得到貌美如花的青蛙公主。

因此，群蛙纷纷报名，场面甚是热闹。

这是一个非常高的铁塔，仰头都看不到顶端，仿佛直插云霄一样，看一眼就让人感觉头晕目眩，比赛还没开始，就有一些青蛙临时退出了比赛。

比赛开始了，围观的群蛙纷纷议论着，它们认为爬塔的难度太高，不可能成功。

这座铁塔的确很难爬，又陡又滑，一不小心就会丧命，再加上群蛙不停地议论，所以青蛙一只接一只地开始泄气退出了，仅有情绪高涨的几只还在往上爬。

群蛙继续喊着太难了，不可能爬上塔顶的，会丧命的，赶紧下来。

就这样，越来越多的青蛙泄气了，退出了比赛。

最后，其他青蛙都退出了比赛，仅有一只却还在越爬越高，一点没有放弃的意思。终于，它成为唯一一只到达塔顶的胜利者。

它哪来那么大的毅力爬完全程呢？难道它不知道爬塔很危险吗？难道它没听到塔下群蛙的议论吗？

大家议论纷纷，胜利者却置若罔闻。

这时大家才发现，这只抱得美人归的青蛙原来是个聋子。

故事中的聋子青蛙之所以能够坚持到最后，就是因为它没有被周围的恐慌气氛所影响，保持着冷静的态度，其实很多时候，我们所面临的处境并没有那么可怕，但是不冷静的流言却放大了恐惧，使我们生活在恐慌之中，由此可见冷静是多么可贵的品质。

那么，当我们在生活中遇到难题时，该如何保持冷静、克服内心时常产生的烦恼情绪呢？下面提供几条比较实用的建议：

1. 冷静防火墙一——“想法灭火”

你会心生不满，是因为你对身处的状况做出了不利于自己的评价。例如：“他迟到那么久，根本就是不在乎我！”或者会认为：“他是故意伤害我的感情！”这么一想，你当然怒不可遏，心情立刻愤愤不平。

在这个“动念发火”的当下，只要能多一分自我觉察的功力，在心中与自己做辩论：“且慢，这个解释真是唯一正确的答案吗？”于是你心中便会产生其他的想法来做解释：“也许他是不得已才迟到的！”“恐怕是我错怪了他！”这样就能成功发挥第一道防火墙的灭火功能而不致失去理智。要建筑坚固有力的“防火墙”，你必须拥有良好的自觉意识，以及同理心和善于解读世界的能力。

2. 冷静防火墙二——“冲动灭火”

万一第一道防火墙被突破，你没来得及拦截住心中负面的情绪，这时就会产生一些冲动的念头：“我就要给你点儿颜色瞧瞧！”“我豁出去了，不让你难受，我誓不罢休！”多年演讲和听众互动的经验告诉我们，即使再温柔和善的情商高手也会有不理性的冲动念头——“我真想打人！”

这个蠢蠢欲动的当下，如果“灭火”得当，就能避免悲剧的产生。怎么做呢？建议你跟自己的内心对话：“再等一下就好。”然后开始进行“数数法”，在心里默数：“1、4、7、10、13……”以此活络大脑的理性中枢，而理性的想法也会跟着出现：“等等，这么做并不能真正解决问题。”因此能悬崖勒马，不致冲动行事。

人总是太容易生气。遇到不如意的人和事，心中便会生出怨恨而气恼，因为气恼，我们的人生就会变得怨气冲天、毫无乐趣。所以，在面对责难和不幸时，能够保持冷静是成功者的美德。

3. 冷静防火墙三——“行动灭火”

万一前两道防火墙都失效了，你发觉自己开始恶言恶语，或动手动脚起来，这时虽然你已经开始非理性的行动，但只要不放弃，你仍然是能够冷静的。例如，一旦意识到自己的言行失态，就要考虑到自己的格调（这实在不像我！）以及对方所受的身心创伤（天哪，他会被我打伤！），就能立即停止动作，避免造成更进一步的伤害，这样就能逐渐冷静下来。

抓狂是需要冲破3道防火墙的，只要你做好情绪的“消防检查”，了解哪一道防火墙仍待加强、多加练习后，就能为激情灭火，平心静气而冷静自在，获得幸福与快乐的人生。

05　忍耐也是一种好的品德

忍耐，是一种品德，更是一种修养；忍耐，不是畏首畏尾，而是为了更好地进取。

古罗马有一句谚语：“忍耐是为了学习，火才是为了燃烧。”它告诫人们这样一个道理：冲动是魔鬼，它就像火一样将我们活活烧死。所以，一定要学会忍耐，如果通过忍耐能化解不该发生的冲突，这样的忍耐永远是值得的。

确实，有时候，人不得不学会忍耐，因为“小不忍则乱大谋”，一时冲动可能会给自己带来终生的遗憾，就好像一个人脑子一热而扣动扳机就会夺去另一个人的生命一样。如果你想和对方一样发怒，就应想想这种爆发会带来什么后果。如果发怒必定会损害你的利益，那么就应该约束自己、控制自己，无论这种自制是多么困难。

汉初，名臣张良在外求学时曾遇到过一件事。

有一天，张良走在一座桥上，看到一个老人穿着粗布衣服在那里坐着，见张良过来，他故意将鞋子扔到桥下，冲着张良喊：“小子，下去给我把鞋捡上来！”

张良听了一愣，本想发怒，但看到对方是个老人，就强忍着怒气到桥下把鞋子捡了上来，老人说：“给我把鞋穿上。”

张良想，既然已经捡了鞋，就好事做到底吧，就跪下来给老人穿鞋。

老人穿上后笑着离去了，但他一会儿又返回来对张良说："孺子可教也。"于是约张良再见面。这个老人后来给张良传授了《太公兵法》，使张良最终成为一代良臣。

老人考察张良，就是看他有没有遇辱能忍的自我克制的修养，有了这种修养，以后才能处理复杂的人际关系和艰巨的任务，才能遇事冷静，知道祸福之所在，不意气用事。我们在平时要注意这种修养，克制、忍耐，处理好遇到的人和事。

要知道，世界不是掌握在嘲笑者手中，而是掌握在那些遭到别人嘲笑、怀疑却依然能在困境中不断前进的人手中。记住，你蹲下、跪下，是为了能跳得更高。这就像一个运动员，只有当他蹲下或跪下时，做好起跑或起跳的充分准备，才能更好地将全身的力量爆发出来，跑得更快，跳得更远、更高。所以，为了跳得更高，你必须学会忍耐、忍耐、再忍耐。

当然，忍耐不是盲目地容忍，不是无原则地放纵，不是一味地宽容，不是有朝一日的爆发，也并非忍气吞声，更非卑躬屈膝，而是一种策略，是为了学习，是为了保存自己，是为了将来跳得更高，同时也是对自己的磨炼。能忍人所不能忍，才能为人所不能为。

真正的忍耐是人格上的独特魅力，甚至是一种人格上的升华，真正的忍耐是没有动机可循的，能够忍耐的人仅仅是因为怀有一颗包容之心。

如果能真正做到忍耐，就是一种真正的修养。当然，要做到这一点并不是一件容易的事情，它需要修身、养性、修知、养气，要求我们在待人接物的时候有一颗平常心。

在非洲的戈壁滩上有种小花叫做依米，这种花需要忍耐6年的漫长岁月才能开一次花，而花期却只有两天。两天过后，这种花便迅速枯萎了。

由于气候干旱、土地贫瘠，这种小花只有一条根吸收水分，在6年的时间里，炎炎烈日烧灼它，漫天风沙肆虐它，但它毫不气馁，依然默默地等待、默默地生长，它知道，总有一天，根须深入到一定程度，自己就会绽放绚丽的花朵。依米花用生命的轨迹向我们昭示，只有忍耐才能美丽，只有忍耐才终有成就。

柏拉图说："稍忍须臾是压制恼怒的最好办法。"一个能伸能屈的人，不会因为一时的激愤而忘记了忍耐，因为那样只会让自己更加被动。

为了消除仇恨，宽容和忍让无疑是制止报复的良方。如果经常戴上这个"护身符"，就可保你一生平安。因为善于宽容忍让的人不会被世上不平之事所摆弄，即使受到他人的伤害，也绝不冤冤相报，而是会时时提醒自己："邪恶到我为止。"

宽容大度，能使伤害你的人感到无地自容，使他的灵魂受到震撼，同时又能防止你敬我回的恶性循环，更为难得的是宽容大度还带来了心理上的平静，能为你赢得宝贵的时间，把精力投入到事业中去。

而忍让，就是让时间、让事实来证明自己的一种方法。归根到底，退步的忍让是一种变相的争取，因为只有这样才能够摆脱人与人之间没有原则的纠缠和没有必要的争吵。

当然，忍让并不意味着懦弱可欺，相反，有忍让之心的人往往更具备自信和坚韧的品格。古人所说的"忍"字，至少包括了两个方面的德行：其一是坚韧、顽强。晋朝朱伺说："两敌相对，唯当忍之；彼不能忍，我能忍，是以胜耳。"这里的忍，也就是顽强精神的一种体现。其二是懂得克制自己。《荀子·儒效》中说："志忍私，然后能公；行忍情性，然后能修。"被称为"亘古男儿"的宋代爱国诗人陆游是一个"上马击狂胡，下马草战书"的英雄人物，同样也写下过"忍常须作座右铭"。这样的忍耐，不正凝聚着他们顽强、坚忍的可贵品格吗？有谁能够说他们是懦弱可欺呢？

其实，控制一切不良情绪的根本处方还是在于个人，至于人们所感受的压力、抱怨、焦虑，都是由心而生的一种感觉，如果一个人能认识到这一点，或许他就会真正地控制自己。相反，如果一个人不能控制自己，那他永远是自己情绪的奴隶。

诚然，控制自己冲动的情绪并不是一件容易的事情，因为我们每个人心中永远存在着理智与感情的斗争。谁都有自己的自尊，谁也不愿意容忍别人对自我的侵犯。但是，如果你不想永远被别人踩在头上，就必须忍耐一时。

所以，控制冲动的简单技巧是：按理智判断行事，克服追求一时满足的本能愿望。一个真正具有控制冲动能力的人，即使在情绪非常激动时也是能够做到这一点的。

人的内心都有被人注目、受人重视、被人容纳的愿望，为了充分利用人类内心深处的欲望，就要用善意的、亲切的、温和的态度与人交往。只要与人为善，就会自然而然地处理好人与人的关系。因此，一个人想要成功，就必须成为一个态度温和、和蔼可亲、理智冷静而又意志坚定的人。

06　对自己和成功都多一分耐心

耐心是一切聪明才智的基础。

自制力的另一个方面是耐心。要想成功，就必须有等待的耐心。毕竟刚付出努力就能立刻出结果的美事太少了，期望和得到之间往往隔着漫长的距离。

在这个飞速发展的社会，许多人追求的是快速回报。多数人是看着电视、吃着快餐长大的，他们用信用卡购物，喜欢超前消费，根本没有自制力和自我约束力去等待姗姗来迟的成功回报。他们处心积虑地想找出一条一举成功的捷径，但这样的可能性太小了，他们往往缺乏耐心、急于求成，结果陷入了失败的陷阱。

3只小猪的选择和任务是一样的：给自己建房，建一个能长久居住的地方。决定用稻草盖房的小猪最容易找到材料，因此房子也最先盖起来。选择用木头盖房的小猪花了更长的时间，费了更多的劲儿：盖房之前，还要先砍木头。选择用砖盖房的小猪最麻烦：它要造砖窑，点火、烧砖，它盖房子用的时间最长，但房子也最结实。

一次偶然事故，让它们住到了砖房子里。大灰狼吹几口气就把稻草房和木头房子吹倒了，然而现在，它可没办法了，3只小猪在砖房里感觉很安全。

那两只小猪之所以失去了房子，是因为它们不够自制，不去盖更好的房子，只想快快完事、快快享受。

然而，那只盖砖房的小猪跟大灰狼较上了劲儿，跟往常一样，它坐在火炉边拨着火，很冷静，也很自制。它知道，要是控制不住自己就会毁灭。而大灰狼由于推不倒砖房而沮丧万分，于是失去了自制力。为了最后拼一把，它从烟囱里跳了下去，却掉进了盛满沸水的大缸里死了。

这个寓言的主题是耐心。它告诉我们，先见之明、耐心和自制力也许不能让大灰狼不来窥探你，但有了它们，当大灰狼出现时，你就能更好地保护自己。那个盖砖房的小猪有耐心、能自律，它不仅是在盖一座房子，同时还是在磨炼自己的自制力。它为赢得最后的决战做好了准备，结果狼不但没有吃到小猪，反被小猪吃了。

就像盖砖房一样，想一蹴而是行不通的。快速致富就像盖稻草房，盖得快，毁得也快。真正的成功——得到生命中对自己最重要的东西是需要时间的。因此，我们需放眼看看前方，给自己充足的准备时间，用你的意志力、耐心和先见之明来缔造成功，打下坚固的基础。

有研究发现，要想一夜成名，必须得先苦干 15 年。然而，人们总是在奇迹发生前 5 分钟便停止努力。当你回首往事时，是否会有这样的感慨：如果当初没有放弃，多坚持几分钟该多好？你是否曾这样问自己："要是我当初多一点儿自制力，不就挺过去了吗？"你是否会因为当初缺乏耐心而后悔？如果你再坚持一下，是不是就实现了梦想？

真正的成功是需要时间的，不是一夜之间就能万事大吉的，你得像爬楼梯那样一步一步来，不可能像乘电梯一样瞬间直升。成功的路上没有电梯，我们只能一步一步走。在人生的旅途中，耐心最为关键，它是治愈浮躁的法宝，是实现成功的心灵妙药。

第六章

心态管理：以积极心态开拓生命宽度

心态看不见、摸不着，但是却实实在在地影响着我们每个人的命运。

有什么样的心态，就会有什么样的人生。

如果没有一个积极的心态，人就不可能做到自律。

积极的心态可以使我们的人生之路越走越宽、生命的价值越来越大，从而成就事业、获得幸福。

01　有什么样的心态，就有什么样的人生状态

有什么样的心态就会有什么样的状态，一个人的状态往往决定了他的生存处境，决定着他的命运。

试想一下，为什么有些人就是比其他的人更成功，如赚更多的钱，以及拥有不错的工作、良好的人际关系、健康的身体，过着高品质的生活？而许多人忙忙碌碌地劳作却只能维持生计？其实，人与人之间并没有多大的区别，但为什么有些人能够获得成功，能够克服万难去建功立业，有些人却不行？不少心理学家发现，这个秘密就是人的“心态”。

关于心态，一位哲人说：“你的心态就是你真正的主人。”一位伟人说：“要么你去驾驭生命，要么是生命驾驭你。你的心态决定谁是坐骑，

谁是骑师。”成功学大师戴尔·卡耐基说：“人与人之间只有很小的差异，这很小的差异却造成了巨大的差异。很小的差异就是心态，巨大的差异就是不同心态产生的结果。”马斯洛又说：“心若改变，你的态度就会跟着改变；态度改变，你的习惯就会跟着改变；习惯改变，你的性格就会跟着改变；性格改变，你的人生就会跟着改变。”

是的，有什么样的心态，就会有什么样的人生。一个人若是被一些消极的心态所左右，他的人生航船便很有可能驶入浅滩，失去发展的机会；一个人若是一生持有良好的心态，那么他的人生之路就会越走越宽，生活的景色就会越来越美，生活的价值就会越来越大。

因此，对一个生活和事业都想取得成功的人来说，心态非常重要。如果你保持积极的心态，掌握了自己的思想，并引导它为你明确的生活目标服务，你就能享受生活的美好。

环境不易改变，不如改变我们自己；性格不易改变，但是心态却可以调整。因此，要激发你的潜力，改变你的心态。心态的不同必然导致人格和作为的不同，最终导致命运的不同。与其在抱怨中失去机会，不如在改造心态中练就本领。改变心态，幸福和成功才能与你拥抱，好心态是决定人生成败的关键因素。

在推销员中有这样一个故事一直广泛流传着：两个欧洲人到非洲去推销皮鞋，由于那里天气炎热，非洲人向来都是打赤脚。第一个推销员看到非洲人都打赤脚，立刻失望起来：“这里的人都打着赤脚，怎么会买我的鞋呢？”于是放弃努力，沮丧地打道回府。另一个推销员见到非洲人打着赤脚，惊喜万分：“这些人都没有皮鞋穿，这里的皮鞋市场大得很呢。”于是想方设法引导非洲人购买皮鞋，最后发了一笔大财。

成功与失败仅在一念之间，这就是心态的作用。同样是非洲市场，同样面对打赤脚的非洲人，由于一念之差，一个人灰心失望、不战而败，而另一个人则满怀信心、大获全胜。

心态是我们真正的主人，它能使我们成功，也能使我们失败。同一件事由具有两种不同心态的人去做，其结果可能截然不同。心态决定人的命运，不要因为自己的消极心态而使自己成为一个失败者。要知道，成功永远属于那些抱有积极心态并付诸行动的人。成功需要健康的心态，没有健康心态的成功早晚会出现漏洞，甚至会塌陷。为什么拿破仑能够顶住压力而叱咤风云？为什么海伦·凯勒在双目失明的情况下，心中依然有光明之梦？这都是健康心态所起的作用。

如若我们希望将自己的人生加以改变，最简单且唯一可行的方法即是将我们内心世界的想法付诸改变。我们将心态称为人格，它来源于我们头脑中的思想。当心态改变后，人格随之改变，最后直至改变身边的所有人、事物与环境。改变自身心态之路并非轻而易举，只有通过不懈的努力才有可能得以实现。当我们面对阻力时，可以运用视觉化的艺术作用帮助自己，即将头脑印象中负面的消极图像用可令自己兴奋的正面图像加以取代，从而形成令自己满意的精神图像。在保存内心理想图像的同时，请不要忘记将要实现这些愿望时所必须具备的决心、能力、才华、勇气、力量或其他任何精神能量等一并储存，并放在你内心的最深处，因为这些图像所必不可少的因素会更加容易地将你的精神与理性完全融合和对接，赋予你头脑中的精神图像以勃勃生机。

当我们追求目标时，请坚信自己可以达到理想中的最高境界，因为此时你已经被赋予了强大的力量源泉的支持，完全有能力应付眼前的一切。当你坚定不移地向着最高目标而努力时，精神能量就一定会把最高理想的现实送至你的手中。百炼成钢的道理在这里依然适用，只要你不懈地坚持，就会逐渐形成习惯，习惯后的行为在实施时显得是那样轻而易举。同时，如果你努力避免坏习惯，也会使你逐渐从中解脱。当然，努力实践的过程并非一帆风顺，但只要坚定这个付出必得的法则就可以战胜困难险阻。

如果想改变自己的世界、改变自己的命运，那么你首先应改变的是自己的心态。只要心态是积极的，那么你的世界就会是光明的，你的人生就会是成功的，你的命运就会是与众不同的。改造环境之前，最先要实现的是改变自己，而改变自己之前，最迫切的是改变自己的心态，因为每个人无法掌控生存环境，却可以掌控自己的心态，可以选择自己的生活方式，即驾驭自己的人生。

02　改变对世界的观感，与生活和解

改变世界，要先从改变自己开始；改变自己，要先从改变自己的心态开始。一个人的心态决定了他看这个世界的态度，心态对了，世界就对了。

常言道，人生在世，不如意事十之八九，这个道理似乎人人都懂，但很容易就会被人忘记。很多人，一旦生活中遇到什么不如意的事情时，就感到世界和自己过不去，好像生活就该是一帆风顺似的。其实，仔细地想一想，究竟是世界和我们过不去，还是我们和世界过不去呢？答案不言自明。

是的，不要和这个世界过不去，和世界过不去其实就是和自己过不去。很多人都在生世界的气，对世界感到愤怒，然而有一天，你终会发现，不是这个世界错了，错的只是我们自己。可以说，世界永远都在那里，它什么都没变，太阳今天升起，明天依然会照常升起，仿佛一切都没改变，都是在永恒中运转。可我们呢？谁也不能保证我们的明天会怎样。当然，世界也不会在乎我们对它的看法，但是如果我们的看法错了，却会反过来伤害我们自己。

不要总是抱怨世界，把自己的不满全部发泄到世界身上，怨恨世界和社会没有给你提供一个更好的生存环境。你必须明白，世界是根据人的态度的改变而改变的，而不是以你的意志为转移的。这与你的智商无关，而是与你看待世界及他人的态度有关。如果你改变了自己的态度，你眼前的世界即使还是原来的那个世界，可在你眼里，它却变得不一样了，因为你变了，当你变得更完美时，世界也会跟着变得更加完美起来。所以，当你对了，世界就对了；当你对世界的看法对了，生活也就对了。

有这样一个故事。

有一位牧师正在考虑第二天如何布道，却总也想不出一个好的讲题，他很着急，而他 6 岁的儿子总是隔一会儿就来敲一次门，要这要那，弄得他心烦意乱。

为了安抚他的儿子，不让他来捣乱，情急之下，他把一本杂志内的世界地图夹页撕碎，递给儿子说："来，我们做一个有趣的游戏。你回房子里去，如果你能把这张世界地图拼好还原，我就给你 1 美元。"

儿子出去后，他把门关上，得意地自言自语："哈哈，这下终于可以清静清静了。"

谁知没过几分钟，儿子又来敲门，并说地图已经拼好了。牧师有点儿诧异，也有点儿不太相信，就跟着儿子一块儿来到了他的房间。果然，那张撕碎的世界地图完完整整地摆在地板上。

“怎么会这么快？”牧师吃惊地看着儿子，不解地问。

“是这样的，”儿子说，“世界地图的背面有一个人的头像，头像对了，世界地图自然就对了。”

儿子无心说的一句话给了牧师深刻的启发，牧师慈祥地抚摩着儿子的头，若有所悟地说：“说得好啊，人对了，世界就对了，我已经找到明天布道的题目了。”

这个故事表明了一个简单而又深刻的哲理：简言之，我们周围的世界取决于我们每个人，也就是我们的世界是什么样子取决于我们每个人是什么样子、取决于我们对世界的看法，而不是取决于世界，看法对了，世界就是对的。

如果你发现自己长期处于忧虑、痛苦中，就需要提醒自己在哪里出现了问题，因为人的正常状态应该是感到和谐平静的。

其实，改变这个世界的关键就在于改变自己的想法。

改变自己的心态，就能改变自己的世界。

改变自己，实质就是改变自己对世界的看法。

改变世界，实质就是改变世界对自己的评价。

当你改变了自己的想法，拥有了快乐的思想和行为之后，快乐就会如愿而至。

03　职场中，态度决定了你的高度

无论你做什么样的工作，都要摆正自己的心态，尽心尽力、尽职尽责。你的工作态度将决定你的成败，所以一定要要求自己去积极进取。

人不能改变过去，但可以改变现在。

人不能改变别人，但可以改变自己。

人不能改变环境，但可以改变态度。

很多事情我们无法选择也无法改变，譬如我们的出生，与其说我们出生了，不如说我们被出生了，但是我们却可以选择我们的工作态度，改变我们的工作态度。正如一位哲人所说：就算我们到最后什么都失去了，但至少我们还能以踏踏实实的态度、快快乐乐的心情去工作。当你改变了自己的工作态度，一切就都改变了。

所以，看一个人平时的工作态度，就能知道他是否有所成就。因为一个人的工作态度折射着他的人生态度，而人生态度决定了一个人一生的成就，决定了他一生能达到的高度。当一个人的态度明确时，他的各种才能就会发挥最大的效用，因而产生良好的效果。一个心态非常积极的人，无论从事什么工作，他都会把工作当成是一项神圣的天职，并怀着浓厚的兴趣把它做好。

众所周知，除了少数天才，大多数人的禀赋相差无几，那么是什么在造就我们、改变我们？是态度。态度是人们内心的一种潜在意志，是个人的能力、意愿、想法、价值观等在工作中所体现出来的外在表现。

然而，有人努力学习，因为他们相信提高自己的能力就能获得成功；有人烧香拜佛，他们希望这样才能碰到好的运气。殊不知，成功的主要因素就在自己身上，你的态度、想法、观念才是成败的关键所在。

中国台湾青年励志大师何飞鹏提出了世界上最简单的工作成就定律：P=A2。

公式中，P（Performance）指工作成就，A（Ability 和 Attitude）指工作能力和工作态度。

在能力一定的前提下，工作态度越好，则工作成就就越大。工作能力不可能为零或者负数，而工作态度有可能存在正负，一旦为负，将给企业造成不可避免的损失。正的工作态度包括负责、积极、没有抱怨、不找借口、乐于学习、坚守道德底线、坚守职场伦理等。

所以，任何一个人，只要能够自律，完成好自己的本职工作，就会被企业所重视；踏实肯付出，就会被视为主力战将，并拥有独当一面的机会；以自律的精神面对工作，总是能用热忱感染周围的同伴，就能被众人推崇。反之，如果总是斤斤计较付出与获得是否对等，对公司文化缺乏认同感，以马马虎虎、得过且过的态度对待工作，那么就只能永远蹲守在次要的岗位上，百无聊赖地扮演着可有可无的角色。你希望自己的工作属于前者还是后者？在回答这个问题之前，或许应该先想想，自己能为工作付出些什么？付出与态度决定了第一个问题的答案，自律的工作态度是创造卓越绩效的首要前提。

记得有这样一首诗，是泰国著名诗人西巫拉帕的作品，诗的名字叫《重要的是要能出类拔萃》，全诗如下："既然我们不是樱花，那就不要抱怨是别的什么，只要美丽就行。富士山只有一座，并非其他的山？就失去了存在的意义。既然你不是武士，那就做侍从好了。如果没有水手，那就谁也当不了船长。如果我们不去铺路，人们怎能行走？让我们去做供人驰骋的大道吧。世上有各种职务和工作，有的高些，有的低些，但我们都会有事可做。假如你做不了太阳，就甘当星星吧。假如你不是男人，也不必为做女人而惶愧。不管是什么，总得选择一样啊。问题不在于是什么，重要的是能够出类拔萃。”

这首充满了社会主义色彩的诗不禁让人想起了马克思那句著名的话，按照马克思的社会主义观：“社会分工不同，于是就有了文明。”也就是说，工作没有高低贵贱之分，每个人只是分工不同而已。

譬如，有人在农村干活，你在城市工作。为了生活，那些人早早起来去干他们的活儿，你也早早起来去上你的班。让那些人干你的工作，未必会出色；同样，你也干不好那些人的活儿。你能说他们干的是微不足道的小事，你做的就是大事情吗？

显然不能。所以即使你从事的不是什么“伟大的”工作，也不要自卑。要相信你的生命和你从事的工作和所有人的生命一样有价值、一样重要。无论多大的人物，无论他从事的是什么工作，都不应该让你畏惧、退缩，更不应该让你自卑。

在这个世界上，没有卑微的工作，只有卑微的工作态度。正如比尔·盖茨所说：“工作本身没有高低贵贱之分，而对于工作的态度却有高低之别。收获成功还是失败，在于你拥有怎样的态度。”又如NTL公司总裁罗伯特·威尔兹所说：“在公司里，员工与员工之间在竞争智慧和能力的同时，也在竞争态度。一个人的态度直接决定了他的行为，决定了他对工作是全力以赴还是敷衍了事；是安于现状还是积极进取。”

因此，每一名想要有所作为的人都能从自律中汲取力量，通过正确的工作态度迈向成功。当然，成功可能还需靠其他许多条件相互配合，但至少以自律的态度面对工作绝对不会让自己成为一个无关轻重的边缘人。

04 心存感恩，一切都将变得美好

生活中到处都有不满和抱怨，与其不停地抱怨，不如心怀感恩之心。感恩是一种生命态度，只要心存感恩，一切都将变得美好。

如前文所述，世界的不同不在于它本身，而是在于我们看待它的方式，也就是我们常常所说的世界观。世界观的不同决定着我们对这个世界有着不同的认识、不同的理解和看法。所以，除了外在之眼外，每个人还有一双眼睛，它不是长在脸上，而是长在心中，这就是心智的眼睛。这双心智的眼睛比另一双眼睛更重要，它告诉我们如何看待身外的世界、如何看待自己。当你拥有了一颗感恩之心，你就会用爱的眼睛看世界，而心中有了爱，爱便无处不在，所以良好的心态能让你正确地看待人生与世界，一切皆取决于你看待世界的方式。

感恩是一种心态、一种对生命的态度，它不是天生的，而是后天培养出来的。所以，培养自己的感恩心、学会感恩是一门人生的必修课，学会了，才能真正懂得生活。只有抱着一颗感恩的心去生活，才能在心中充满爱，才能感悟到生活的真谛。一个懂得感恩的人才会真正感受到人生的幸福；而一个不知感恩的人是永远都不会满足的人，也是一个永远都不会快乐的人，他们整天只会忌妒别人、怨天尤人，只想着自己的利益、自己需要什么，从不关注这些东西是从哪儿来的。其实，我们每天的生活都在仰赖着他人的奉献，没有他人的奉献和付出，就没有我们每天的便利和快乐。

我们每个人都应该明白，生命的整体是相互依存的，世界上每一样东西都依赖其他东西而存在。无论是父母的养育、师长的教诲、配偶的关爱、他人的服务、大自然的慷慨赐予……人自从降生起，便沉浸在恩惠的海洋里。当一个人真正明白了这个道理，就会感恩大自然的福佑、感恩父母的养育、感恩社会的安定、感恩食之香甜、感恩衣之温暖、感恩花草鱼虫、感恩苦难逆境，就连自己的敌人也不忘感恩。因为真正促使自己成功、使自己变得机智勇敢、豁达大度的，不是各种顺境，而是那些打击、挫折和对立面。

心存感恩、知足惜福，人与人、人与自然、人与社会才会变得更加和谐。心存感恩的人才能收获更多的人生幸福和生活快乐，才能摒弃没有意义的抱怨。生活本身是非常丰富的，如果你自己不去寻找乐趣，而是天天责怪、抱怨生活，那只能说你自己本身就是一个无趣的人。

两个行走在沙漠里的旅人已行走多日，在他们口渴难忍的时候，正巧碰见一个赶骆驼的老人，老人给了他们每人半瓷碗水。两个人面对同样的半碗水，一个抱怨水太少，不足以消除他身体的饥渴，抱怨之下竟将半碗水泼掉了；另一个也知道这半碗水不能完全解除身体的饥渴，但他却有一种发自心底的感恩，并且怀着这份感恩之心喝下了这半碗水。结果，前者因为拒绝这半碗水而死在沙漠之中，后者因为喝了这半碗水，终于走出了沙漠。

对生活怀有一颗感恩之心的人，即使遇上再大的灾难也能熬过去。当感恩者遇上祸，祸也能变成福，而那些常常抱怨生活的人即使遇上了福，福也会变成祸。

一位国王在林中散步，遇到并爱上了一位娇美的女子，决定娶她为后。女子也爱上了国王，于是欣然答应了国王的求婚，但她提出了一个要求："请在王宫旁给我搭一个简朴的小屋子，我每天会在里面待一个小时，不许偷看。"国王答应了，于是两人结合了，生活和美、安详、幸福。王后每天都会到屋子里待一个小时，无人能知其中的秘诀。20多年过去了，皇后越来越年轻、越来越漂亮。国王渐渐起了疑心：她难道是女巫吗？一天，国王终于忍不住好奇，偷偷跟踪王后。然而，他惊奇地发现，妻子未施任何法术，她只是坐在圆木凳子上，摘下王冠，褪下首饰，脱去王袍，沉静地坐着，脸上显现出一种宁静的光彩。

有时，我们是不是都应该有这么一间小屋，去里面梳理一下自己的心情呢？可能只占用你一天时间的几十分之一，但当你卸下种种委屈、怨气、虚荣、奢望去梳理自己的心情时，就会找到真正的自己。

在茫茫尘世中，我们的心灵早已被岁月磨得粗糙和麻木，对于爱、对于感情早已不再心动，但是偶然间，一个善意的目光、一句美好的祝福还是会让我们的心为之一振，原来世界上只有爱会给我们如此多的感动。

珍惜你的拥有，怀着一颗感恩的心生活；珍惜你的家，带着一颗惜福的心上路，你才会越走越踏实。因为你的根扎在了大地上，扎进了泥土里。学会感恩吧，让不满和抱怨到此为止，感谢父母亲，感谢所有的亲人给你的爱和关心，感谢所有帮助过你的人给予你的温暖和感动，也感谢那些伤害过你的人，因为他们的伤害，你才有了成长。

05 过于保守正在限制你的发展

保守不是坏事，但过度保守会让你丧失很多前进的机会，处于停滞不前的状态。

每个人都会遇到困难，每个人都有自己的弱点，这些困难和弱点可能会成为我们迈向成功道路上的阻碍。已经成功的优秀者并非没有这些弱点，而是因为他们懂得自律、敢于挑战困难并且通过自律战胜自己的弱点。

许多人虽然具备了获得成功的种种能力，但是却有一个致命的弱点：缺乏自信心、缺乏挑战的勇气。保守是这类人奉为真理的行事准则：开车绝对不走新路线、买饮料绝对不挑新口味、买衣服从不选择新颜色，简单地说，就是不喜欢改变既定习惯。在工作方面也是一样，对于已经做熟了的工作，就算再无聊、再枯燥、再怎么缺乏前瞻性，也不轻易考虑离职。也许你会想起之前说过，就算是例行公事也要尽本分。没错，就算无趣到极点、简单到不行的工作，优秀的人仍然会恪尽本分地完成它，但优秀的人也懂得时候到了脚步得向前跨出的道理，否则如何能获得成功呢？毕竟成功不会主动来找你。

尽本分和缺乏自信是截然不同的，当你尽本分地做着无聊的工作时，可以从中寻找获得与享受，然后乐在其中。但缺乏自信者则不同，因为没有尝试与突破的勇气，等同于被迫留在原地。当一个人被迫从事某些事情的时候，大概就很难从中感受到乐趣了。

保守不是坏事，但过于保守绝对会限制个人的发展。从工作上来说，为了避免错误，每当面对工作中不时出现的困难与挑战时，总是选择一躲再躲，想方设法地拖延，绝不主动发起攻势，更别说脑力激荡一下，寻求解决之道，因为“多做多错，少做少错，不做不错”就是他们的工作哲学。结果，终其一生也只能从事一些浅层次的平庸工作，错过了无数次更上一层楼的好机会。

这种自卑心理是沉重的精神枷锁，是一种消极的、不良的心境，它会消磨人的意志、弱化人的信念、淡化人的追求、钝化人的锐气，使人们畏缩不前，从自我怀疑和自我否定最终走向自我消沉和自我埋没。所以，期望能在工作上有所成就的人一定要改变这种畏首畏尾的自卑心理。要知道，每个人都拥有不可预知的巨大潜能，你越相信自己，就能越发出色地完成更多杰作。

莲花出淤泥而不染，所以更庄严清净；鲑鱼顺逆势而勇上，所以更健硕强壮；探索者不怕危险困难，于是可以挑战自己的体能极限。人生总是充满了种种艰难困苦，这些困苦看起来阻挡了人前进的脚步，而事实上，这些屏障是淬炼人生的最好手段，是成功的催化剂。

06 路途遥远，更要一步一步脚踏实地

要实现理想，必须抛除好高骛远的心态，培养脚踏实地的工作态度，不管旅途有多么遥远和艰辛，都要一步一步地向前走。

一个人对工作的态度也反映着其对待人生和事业的态度。只有在任何时候都不好高骛远的人，才能脚踏实地地为自己的前程打下坚实的基础；反之，不但不能得到大的成功，小的成功也会与之失之交臂。正如沙漠是由一粒粒细沙堆成的，财富是由一枚枚硬币积累而成的一样，成功也是由一步一个脚印、一点一滴累积起来的。一个成功的人绝不会因为事小而弃之，他们知道任何一种成功都是从一点一滴积累起来的，没有这种心态就不可能获得更大的成功。

所以，想要成功的人最忌好高骛远、眼高手低，即使能力再强，也要从点滴的小事做起，为将来的成功积蓄能量。

中国香港某个大财团的继承人在进入自己家族企业掌管大权之前，并没有按照父亲的安排直接做总经理，而是先询问在公司的哪个部门工作可以在最短的时间内对公司情况有个大概的了解，人们告诉他，如果想要最快了解公司情况，就得去人事部门从基层做起。于是，他力排众议，到人事部门做了一个小职员。

在人事部门工作时，他利用工作上的便利条件，在很短的时间内就弄清了公司的业务发展情况和公司员工的一些情况。半年后，他才正式

走上了管理层的工作岗位。

在管理层工作之后，他开始利用自己当初掌握的第一手资料对公司运营中存在的弊端进行有针对性的改革：裁减了一批无所事事混日子的员工，提拔了一批有能力、有抱负的年轻人，并对公司账目进行清理。在短短一年内，公司的利润就得到了提升。

试想，如果这个年轻人没有一步一个脚印的实干精神，以当初“心安理得”的心态坐到总经理的位子上而没有深入基层亲身体验，怎么可能在短时间内就看出公司存在的弊端？又怎么可能如此迅速地对症下药，给公司带来良好的经济效益？这些成绩都源于他能够认清自己的角色与能力，肯从最基础的事情做起，以弥补自己的不足。

普通人拥有自己的梦想是可贵的，但更可贵的是拥有踏踏实实的人生态度，能甘于从最基础的工作做起。要知道，最基础的工作并不见得是最简单的工作，更不是最低级的工作，基层的工作拥有无限智慧，等待我们去挖掘。

在现实生活中，很多人都渴望自己能够成为优秀人物，但仅有这种愿望还远远不够，必须要有脚踏实地的实干精神。普京说：“不能为了任何人都不明白的某种荒谬理想而工作，应该始终以现实为基础、为明天和后天生活的子孙后代而工作。”这就是一种踏实的务实精神。

当你还默默无闻、不被人重视的时候，不妨先放下自己对于物质追求、经济利益或辉煌未来的遐想，先做好普通人、普通事，这样你的视野将更开阔，也可能会从平凡的事情里面发现许多不平凡的奇迹。

许多人对眼前的生活置之不顾，却把时间浪费在回忆过去或思考未来之中。这些人不懂得现在的每一时刻要比过去或将来重要得多。就像电影是由相互连接的分镜头组成的一样，你的生活也是由成千上万个瞬间构成的，所以千万不能忽视每一瞬间。

有一种非常有趣的动物名叫大黄蜂。许多科学家曾经仔细研究过它，如果从动物学的角度来看的话，所有会飞的动物必须有两个条件：一是体态轻盈；二是翅膀宽大。但是，大黄蜂并不具备这两个条件，它的身躯十分笨重，翅膀却显得过分窄小。如果依照经典动物学的理论，大黄蜂是无论如何也飞不起来的。可是在自然界中，只要是一只正常的大黄蜂，就肯定能够顺利起飞，而且飞行速度并不比其他动物慢。这种事实的存在仿佛是大自然和科学家们开了一个大玩笑。

然而，动物学家解决不了的问题却被社会学家揭开了谜底。社会学家经过研究发现，每只大黄蜂在它长大之后就必须飞起来去觅食，否则就会被活活饿死，所以它们才能用自己窄小的翅膀拖动庞大的身躯飞向天空，这正是大黄蜂之所以能够飞得那么高的奥秘所在。

平凡的大黄蜂之所以能够超越平凡，靠的就是一个最简单的理由——生存。因此，生命中最大的奇迹都是从最踏实的地方开始的。生活中的我们也是如此，艰难险阻不可避免，我们只有踏踏实实一天天地过下去，才能经历风雨见彩虹。如果只想着辉煌而忽视了最基本的事情，往往会变成缺乏斗志、没有切实理想和抱负的空想家，这样的人不会受到他人的欢迎。只有像顽强的大黄蜂一样，把最基本的事情作为出发点，然后向所谓的“不可能”发起挑战，才会让人刮目相看，在前进的路上获得更多的认可和支持，最终由平凡走向伟大。

一个园艺所刊登了一份启示：重金征求纯白色金盏花。由于酬劳相当丰厚，在当地引起了轰动，高额的奖金让很多人十分动心。但在千姿百态的自然界中，金盏花只有金色和棕色两种，想要培植出白色的金盏花肯定不是一件容易的事情，所以许多人一阵热血沸腾之后，就把那则启事抛到九霄云外去了。

一晃20年过去了，一天，那家园艺所意外地收到了一封热情的应征信和一粒纯白色金盏花的种子。当天，这件事就在当地传开了，人们议论纷纷，猜测这个成功培植白色金盏花的人到底是哪位科学家。

过了几天，人们终于知道，寄种子的人不是什么专家，而是一个年逾古稀的老人。老人是一个非常喜欢种植花草的人，当她20年前偶然看到那则启事后，便怦然心动。她不顾8个儿女的一致反对，义无反顾地干了下去。

当时，这个老人撒下了一些普通的金盏花种子，精心侍弄。一年之后，这些种子全部开花了，她从那些金色的、棕色的花中挑选了一朵颜色最淡的花，等到这枝花枯萎之后，取得了一些种子。次年，她又把这些种子种下去，然后再从这些花中挑选出颜色更淡的花的种子栽种……

日复一日、年复一年，她终于在20年之后在自己的花园中看到了一朵金盏花，这是一朵银如雪的白色金盏花。于是，一个连专家都解决不了的问题在一个不懂遗传学的老人长期不懈的努力下迎刃而解了。

这就是踏实做事、从平凡走向辉煌的典范。

时间证明，那些最伟大的成就大多数是从平凡中蜕变而来的；那些最伟大的人也都曾经历过平凡。安徒生当过学徒、惠特曼做过工匠、狄更斯成名前是缮写工、高尔基甚至干过码头苦力。他们都曾平凡，但是他们不甘于平凡且通过踏实的工作不断自我提升，成就了伟大。平凡之所以能孕育出伟大，是因为成功需要两大先决条件：平和的心态和丰富的实践，而这两样恰是平凡人最容易拥有的。也许正如左拉所说："没有平凡的经历，就不能产生伟大的业绩。"

07　学会释放心灵，与压力共存

自律不意味着对自己施以完全的高压。自律应该是积极有序、张弛有度的，在自我约束的同时学会释放自己的心灵，让心从紧张、繁忙的工作中解脱，这样才能更好地迎接接下来的生活。

压力是一种无形的伤害，不管它来自何方，都会不可避免地伴随我们过完一生，对于我们的生理、心理和行为产生很多不利影响。

有些人认为，自律就是应该让自己努力做事，不管压力多大都不能逃避，这其实是一种错误的看法，真正的自律应该是在自己压力范围之内的自律精神。如果一个人片面地要求自己自律而完全忽视了自己承受压力的水平，也是得不偿失的。

早在2003年，北京某调查公司通过网络调查的方式针对北京415名20—50岁的职业白领（男性占45.8%，女性占54.2%）进行过工作压力的调查研究。结果显示，41.1%的职场白领们在较大的工作压力中疲于奔命，61.4%的职场白领们正承受着不同程度的心理疲劳。

某杂志中文版曾经对1576名企业高级管理人员进行的一项调查显

示：70%的企业高管感觉自己当前承受的压力非常之大，其中21%的企业高管认为自己的压力过大以致危害健康。在此次调查中，55%的调查对象为企业的最高管理层人员，其中有董事长、总裁和总经理等岗位人员，其余45%是企业中层主管级人员。在性别构成中，男性占85%。调查显示，企业高管自我感觉到的压力与其性别和职位有着非常明显的相关性，男性企业高管自我描述的压力明显高于女性企业高管。

调查进一步显示，职务较高的企业管理者和职务较低的企业管理者的压力来源具有一定差异。最高管理层压力源排前5位的是：个人职责、企业气氛、角色矛盾、人际关系和日常琐事；较低一级的企业管理者的压力源排前5位的是：职业前景、企业气氛、人际关系、个人职责和角色矛盾。

其实，这些职场人之所以压力太大，就是因为没有客观地评估自己的压力水平，他们把不顾一切地投入当做是自律，这其实是错误的。

人们给自律的定义是：针对自身的情况，以一定的行为标准和行为准则指导自己的言行，严格要求自己和约束自己。要严格要求自己，我们就要看到一个关键词，那就是必须针对自身的情况。如果一个人不针对自己的情况，盲目地要求自己就意味着要承担超负荷的压力，最终会让自己的心态产生负面变化，进而影响到自己的身体健康。

这项调查还清楚地显示：25岁以下高级企业管理者的心力衰竭水平程度明显高于年纪更大的人。某家企业咨询服务中心的首席顾问张西超认为，25岁以下的职场白领急于证明自己的能力，但同时容易不断地为自己增加压力，结果导致自身相对欠缺应对压力的能力和经验，非常容易出现心力衰竭的现象。

同时，产生的压力还与各种疾病有关，如冠心病、高血压、糖尿病、脑梗塞、高黏滞血症、高尿酸症等职业病正是危害职场白领身体健康和事业发展的重要原因，“过劳死”所产生的悲剧也不断地让更多人惊醒，职场白领的压力开始越来越引起人们的广泛关注和重视。如何减轻自身过于沉重的压力、保持适度的压力环境、提高工作效率以及如何从高强度的工作负荷中解脱出来而使自己快速地成长起来，已经成为众多职场人十分关注的重要问题。